职业教育改革探索教材

校企"双元"合作教材

职业教育"十三五"规划教材·城市轨道交通系列

城市轨道交通运营安全与突发事件处置

主　编	任义娥　　王彩娥
副主编	毕丽丽　　王　谱
参　编	姚金娈　　马小平
	李洪芬　　白思影
	王秀芬

北京交通大学出版社

·北京·

内容简介

本书是在职业教育改革的相关精神指导下，由校企专家联合编写。本书共8个模块，分别为城市轨道交通运营安全概述，城市轨道交通危险源、职业危害与防护，城市轨道交通行车安全管理，城市轨道交通设备安全管理，城市轨道交通安全检查，城市轨道交通消防安全，城市轨道交通运营突发事件应急处置，站区安全管理规定。

本书案例丰富、图文并茂，适合作为各级各类学校城市轨道交通专业的教材，也可供相关工程技术人员参考。

图书在版编目（CIP）数据

城市轨道交通运营安全与突发事件处置／任义娥主编 . —北京：北京交通大学出版社，2019.11

ISBN 978 - 7 - 5121 - 4142 - 1

Ⅰ.①城…　Ⅱ.①任…　Ⅲ.①城市铁路 – 交通运输安全 ②城市铁路 – 轨道交通 – 突发事件 – 处理　Ⅳ.①U239.5

中国版本图书馆 CIP 数据核字（2020）第 008916 号

城市轨道交通运营安全与突发事件处置

CHENGSHI GUIDAO JIAOTONG YUNYING ANQUAN YU TUFA SHIJIAN CHUZHI

策划编辑：刘　辉　　　责任编辑：刘　辉

出版发行：北京交通大学出版社　　　电话：010 – 51686414　　　http：//www.bjtup.com.cn

地　　址：北京市海淀区高梁桥斜街 44 号　　　邮编：100044

印 刷 者：北京鑫海金澳胶印有限公司

经　　销：全国新华书店

开　　本：185 mm × 260 mm　　　印张：13　　　字数：318 千字

版 印 次：2019 年 11 月第 1 版　　　2019 年 11 月第 1 次印刷

定　　价：49.00 元

本书如有质量问题，请向北京交通大学出版社质监组反映。对您的意见和批评，我们表示欢迎和感谢。

投诉电话：010 – 51686043，51686008；传真：010 – 62225406；E-mail：press@ bjtu.edu.cn。

序

我国城市轨道交通事业正处于大规模发展阶段,随着建设规模的扩大和运营线路的增加,网络化规划布局、点线面统筹安排、不同制式科学配置、多种资源共享、多线同期建设、网络化运营组织等一系列问题纷纷显现,城市轨道交通运营安全面临着严峻的挑战。企业对人才培养和培训的标准化、一体化和专业化提出了更高的要求。

职业院校肩负着人才培养与输送的重要使命。各地职业院校近年纷纷开设了城市轨道交通类专业,在专业建设、课程体系开发、教学组织形式和实训基地建设等方面不断探索,建立了校企联合招生、联合培养、一体化育人的长效机制,推动了职业教育体系和劳动就业体系的互动发展,打通和拓宽了高技能人才培养和成长的通道。

教材作为职业教育的重要环节,现阶段还需要在体系完整性、内容实践性、教学可行性等问题上不断深化和完善。为适应职业教育"校企合作、工学结合"的教学改革发展趋势,建设规范、适用的城市轨道交通行业职业教育教材体系,相关院校城市轨道交通专业教师联合北京华鑫智业管理咨询有限公司的资深专家、城市轨道交通行业专家,编写了相关教材。

本系列教材通过深入分析各岗位的基本技能、核心技能和拓展技能,以各岗位"职业活动"为导向,创新地构建了"模块化、渐进式"课程体系,同时,开发了服务于"翻转课堂"教学模式的人机交互、全媒体数字化等教学资源体系,并配有任务单、学习卡、考核标准与测试题库等教学资源。

编 委 会
2019 年 11 月

前　言

　　伴随着全国城市轨道交通事业的大发展，我们发挥办学优势与北京地铁运营有限公司、北京市轨道交通运营管理有限公司等多家企业深入开展校企合作，积极探索现代学徒制人才培养模式，实现专业设置与产业需求对接、课程内容与职业标准对接、教学过程与生产过程对接，推动专业人才培养与岗位需求衔接，为北京地铁输送了数以千计的合格人才。

　　为构建城市轨道交通专业"校企联合招生、联合培养、一体化育人"的长效机制，本书通过深入分析各岗位典型活动和技能要求，设计出以"工作体系"为框架、以"操作任务"分析为基础的"模块化、渐进式"课程体系，该课程体系符合认知规律，由浅入深，阶梯发展，不断完善学生的认知结构和动手能力，达到"会做＋怎么做＝职业能力＋动手能力"的教学目标。

　　本书主要包括8个模块，即城市轨道交通运营安全概述，城市轨道交通危险源、职业危害与防护，城市轨道交通行车安全管理，城市轨道交通设备安全管理，城市轨道交通安全检查，城市轨道交通消防安全，城市轨道交通运营突发事件应急处置，站区安全管理规定。每个模块内容全面、丰富、系统，可读性很强！

　　本书根据职业院校学生的认知特点，尽量不使用生涩难懂的专业术语，语言文字通俗易懂，叙述浅显明了，并辅以案例，力求让有城市轨道交通基础知识的学生通过自学也能够看得懂；并尽可能使用图片、图示、表格等形式，以直观形象、生动活泼、逻辑性强的方式增强学生的感性认识。

　　目前，城市轨道交通并没有形成全国统一的相关标准，各个城市，甚至同一个城市的各条线路，在设备设施、作业方式和运营管理等方面均有较大差异。编者未能介绍全国所有城市轨道交通的相关情况，难免有局限之处，请各位读者谅解。另外，由于编者水平有限，书中尚有不足之处，真诚地希望读者和同行予以批评指正。

　　反馈本书意见、建议，索取本书数字教学资源，可与出版社编辑刘辉联系（cbslh@jg. bjtu. edu. cn；QQ39116920）。

编　者

2019 年 11 月

目　录

模块一

城市轨道交通运营安全概述

 情境导入

　　某职业院校新生小明就读于城市轨道交通运营管理专业，刚入学的他对一切都那么好奇。尤其是"城市轨道交通安全与突发事件处置"课程让他很感兴趣。小明一直是一个很有安全意识的人。以前乘坐城市轨道交通列车的时候经常会有一些疑问，例如如果城市轨道交通列车发生火灾，应该怎么自救和救助别人？如果城市轨道交通列车或城市轨道交通车站发生意外或者突发事件，自己应该如何实施救援？

　　想一想：

　　你遇到或者从其他渠道听到过哪些关于城市轨道交通列车或城市轨道交通车站的意外或者突发事件？

　　安全管理基础知识是城市轨道交通运营安全管理业务的基础和依据，因此本模块将先介绍城市轨道交通安全基础知识，分析影响城市轨道交通运营安全的因素，最后总结城市轨道交通安全管理体系的特点和方针。通过本模块的学习，读者对安全管理基础知识将有较深刻的理解，对城市轨道交通安全运营管理体系也将有整体的认识。

 学习目标

　　1. 重点掌握城市轨道交通安全的含义和基本内容
　　2. 重点掌握城市轨道交通安全影响因素
　　3. 重点掌握城市轨道交通事故类别及其分析方法
　　4. 掌握城市轨道交通安全管理的基本方针
　　5. 掌握安全色与安全标志
　　6. 了解城市轨道交通安全管理的重要意义
　　7. 了解城市轨道交通安全管理的途径、安全文化建设的特点

知识点一　城市轨道交通运营安全基础知识

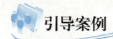引导案例

　　城市轨道交通运营安全直接关系到社会的稳定。重大、特大事故的发生，不仅会造成严重的直接经济损失，而且对发生事故地区的经济发展也会造成重大的负面影响。2011 年 7 月 5 日上午 9 时 36 分，由于自动扶梯突然倒行，一条鲜活的生命，瞬间消失在北京地铁 4 号线动物园站 A 出口上行自动扶梯上。事故造成一名 12 岁男童身亡、三人重伤、二十七人轻伤。

　　重大、特大事故往往造成恶劣的社会影响，引发许多复杂的社会问题，如果处理不当，还会造成社会负面影响；重大、特大事故往往造成群死群伤，严重危害人民群众的生命、财产安全，使民众缺少安全感。

　　北京地铁 7·5 意外事故示意图如图 1-1 所示。

图 1-1　北京地铁 7·5 意外事故示意图

　　涉及城市轨道交通运营安全的相关名词及其解释见表 1-1。

表 1-1　涉及城市轨道交通运营安全的相关名词及其解释

名词	解释
安全	没有危险、不出事故的状态
生产过程安全	不发生工伤事故、职业病、设备或财产损失

续表

名词	解释
城市轨道交通运营安全	在城市轨道交通生产过程中保障人身安全和设备安全
人身安全	消除危害人身安全和健康的一切不良因素，保障员工的安全和健康，舒适地工作
设备安全	消除损坏设备和其他财产的一切危险因素，保证生产正常进行
安全生产	在生产过程中，防止发生人身伤亡和财产损失等生产事故，消除或控制危险、有害因素，保障人身安全与健康，使设备和设施免受损坏、环境免遭破坏的总称

 知识链接

2015 年版《北京市轨道交通运营安全条例》摘录

第七条　新建、改建轨道交通项目的规划、设计应当符合相关标准和技术规范，遵循适度超前原则，满足轨道交通发展中的运营安全需求。

新建轨道交通项目的单位，应当在可行性研究报告、项目申请报告和初步设计文件中编制运营安全专篇。市发展改革、规划行政主管部门在审批时应当征求市交通行政主管部门对运营安全专篇的意见，并将市交通行政主管部门的意见纳入到审批意见中。

第八条　新建、改建轨道交通项目的规划、设计应当合理连通周边大型居住区、商业区公用设施等建筑，保障出入口的数量和功能，满足紧急疏散的安全需求。

轨道交通出入口、通风亭、冷却塔等设施需要与周边物业结合建设的，周边物业的所有者、使用者应当予以配合并提供必要的便利。

新建轨道交通项目的应急救援设备设施、安全检查设备应当与主体工程同时设计、同时施工、同时投入使用。

第九条　轨道交通车站、地面线路、高架线路、安全检查点、站前广场和车厢等场所应当安装视频监控系统；通风亭、冷却塔和变电站等部位应当安装视频监控系统，并合理设置防盗报警系统、防护栏或者防护网等物理防护设施。

第十条　车辆、信号、电梯、供电、轨道、轨枕和其他涉及运营安全的设备、设施，应当符合运营安全标准规范及网络化运营需求，不得使用不符合标准的设备、设施。

采购前款规定的设备设施，建设管理单位应当与运营单位共同起草、协商确定招标文件。

自动售检票系统、乘客信息系统、视频监控系统和其他因网络化运营需要统一制式标准的设备应当符合标准并经专业机构测试认证。

第十六条　轨道交通设备设施应当符合保障乘客人身、财产安全和运营安全的相关标准。

轨道交通设备设施存在设计、制造或者安装缺陷的，轨道交通产权单位、建设管理单位和运营单位对各自采购的设备设施，应当督促设备设施生产者、销售者或者安装者消除缺陷。

第十七条 在轨道交通车站、车厢、隧道、站前广场等范围内设置广告、商业设施，应当符合标准和规范，不得影响安全标志和乘客导向标识的识别、设备设施的使用和检修，不得挤占疏散通道；设置方案应当报市交通行政主管部门备案。

在城市轨道交通线路的地面部分设置户外广告的，应当按照户外广告管理的相关规定执行。

第十八条 下列范围为轨道交通安全保护区：

（一）出入口、通风亭、冷却塔、主变电所和残疾人直升电梯等建筑物、构筑物结构外边线外侧10米内；

（二）地面车站和地面线路、高架车站和高架线路结构、车辆基地用地范围外边线外侧30米内；

（三）地下车站与隧道结构外边线外侧50米内；

（四）轨道交通过湖、过河隧道和桥梁结构外边线外侧100米内。

前款规定范围包括地上和地下。

安全保护区范围由市交通行政主管部门依法公告。

第十九条 在轨道交通安全保护区内进行下列作业的，作业单位应当制定安全防护方案和监测方案，在征得运营单位同意后，依法办理有关行政许可手续：

（一）新建、改建、扩建或者拆除建筑物、构筑物；

（二）敷设管线、挖掘、爆破、地基加固或者打井；

（三）挖沙、疏浚河道；

（四）其他大面积增加或者减少载荷的活动。

有前款规定作业的，运营单位可以对作业影响区域进行动态监测，并有权进入施工作业现场进行巡查。

第二十条 从事第十九条第一款规定的作业，出现危及或者可能危及轨道交通运营安全情形的，作业单位应当停止作业，采取补救措施，并报告轨道交通运营单位。

结束第十九条第一款规定的作业后，作业单位应当会同运营单位评估作业对轨道交通运营安全产生的影响，并将评估结果报市交通行政主管部门备案。评估认为影响运营安全的，作业单位应当立即采取措施消除影响。

第二十一条 轨道交通产权单位和运营单位应当建立巡查管理制度，对轨道交通设备设施安全和安全保护区进行安全巡查。

巡查人员发现危及或者可能危及轨道交通安全运营情形的，应当予以制止并及时报告相关行政主管部门依法处理。

第二十七条 禁止下列危害轨道交通设备设施安全的行为：

（一）损坏隧道、轨道、路基、高架、车站、通风亭、冷却塔、变电站、护栏护网等设施；

（二）损坏车辆或者干扰车辆正常运行；

（三）损坏或者干扰机电设备、电缆、通信信号系统、自动售检票系统、视频监控设备等；

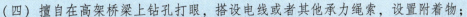

（四）擅自在高架桥梁上钻孔打眼，搭设电线或者其他承力绳索，设置附着物；

（五）损坏、移动、遮盖安全标志；

（六）其他危害轨道交通设备设施安全的行为。

第三十条 运营单位应当履行下列安全运营职责：

（一）制定并落实安全运营规章制度和操作规程；

（二）保证本单位安全运营资金投入的有效实施；

（三）建立并落实安全运营风险评估和隐患排查治理制度；

（四）制定并实施突发事件应急预案和特殊情况下的运营组织方案；

（五）督促检查本单位的安全运营工作，及时、如实报告运营安全事故；

（六）开展乘客安全乘车教育宣传；

（七）法律、法规规定的其他职责。

 学习思考

涉及城市轨道交通运营安全的相关名词有哪些？

 评价表

根据以上学习内容，评价自己对相关知识与技能的掌握程度，在相应空格打"√"。

评价内容	差	合格	良好	优秀
安全的定义				
生产过程安全的定义				
城市轨道交通运营安全的定义				
人身安全的定义				
设备安全的定义				
安全生产的定义				

知识点二 城市轨道交通运营安全影响因素

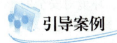 **引导案例**

2010 年 6 月 23 日，某城市轨道交通列车司机驾车回库，缓缓地将列车开进洗车房内。

司机在洗车过程中，把驾驶舱的窗户打开，并将头和身体探出窗外，随后，他的头部被洗车房内的设备击中。事发后，该司机被甩出驾驶舱，落在铁轨上。急救人员赶到现场，将其送至医院，然而却未能挽救他的生命。

城市轨道交通运营系统是一个在时间、空间上分布很广的开放的动态系统，城市轨道交通运营安全影响因素错综复杂，涉及面很广。根据系统论的观点，从构成城市轨道交通运营系统的最基本元素出发，即从事故的最基本原因着手，考虑到安全是一项全员、全要素、全过程的活动，我们可以把与运营安全有关的因素划分为四类，即人、机器、环境和管理。

城市轨道交通运营安全影响因素如图1-2所示。

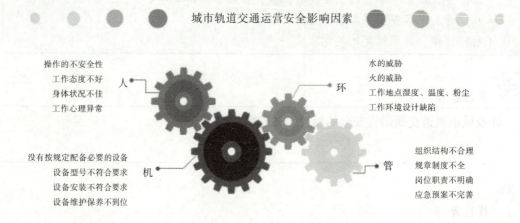

城市轨道交通系统是由"人、机、环、管"四方面相互作用的复杂系统。任何导致不安全行车的行为都是人、机、环、管四大因素中的几个因素单独或共同作用的结果。

图1-2 城市轨道交通运营安全影响因素

城市轨道交通运营安全影响因素见表1-2。

表1-2 城市轨道交通运营安全影响因素

影响因素	含义
人	作为工作主体的人
机器	人所控制的一切对象的总称（包括固定设备和移动设备）
环境	人、机等共同组成的特定工作条件（包括内部环境和外部环境）
管理	管理作为控制、协调手段，协调人、机、环境之间的相互关系，并通过反馈作用将系统状态的信息反馈给管理系统，从而改进安全管理方法，以便得到更为安全的系统

以上城市轨道交通运营安全影响因素的分类，不但考虑了人、机、环境对安全的影响，还考虑了三者之间的相互作用（人-人、人-机、机-机、机-环境、人-环境、人-机-环境对安全的影响和相互作用等）。

城市轨道交通运营安全影响因素之间的关系如图1-3所示。

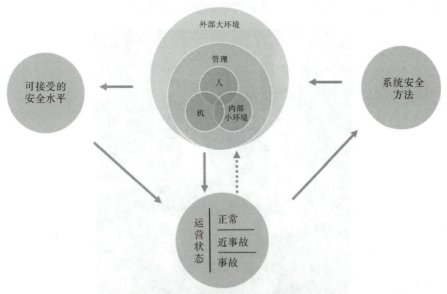

图 1-3 城市轨道交通运营安全影响因素之间的关系

一、单因素影响分析

1. 人的因素影响分析

1）人在保障运营安全方面的重要性

人为差错或失控产生的原因是多方面的，如操作者负担过重、疲劳及综合素质差异等。

人是一种安全因素和防护对象，机器只是一种安全因素，环境也只是一种安全因素和应予以保护的财富。在人－机－环境系统中，只有人才能向安全问题提出挑战，一个掌握足够技能和装备的人能够发现并纠正系统故障，并且使其恢复到正常状态。研究表明，人为差错导致了 20%～50% 的事故发生。甚至可以说，绝大多数事故的发生均与人的不安全行为有关。韩国大邱地铁火灾事故与伦敦发生的地铁列车脱轨事故均能说明这一点。

人的因素在事故演化过程中的作用如图 1-4 所示。

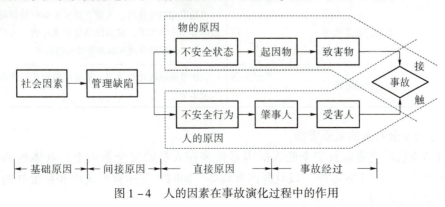

图 1-4 人的因素在事故演化过程中的作用

人的因素产生的不安全行为——抢上列车如图 1-5 所示。

图 1-5　人的因素产生的不安全行为——抢上列车

城市轨道交通运营安全与许多活动有关，这些活动都有赖于高效、安全和可靠的人的行为。在城市轨道交通运营工作的每一个环节、每一项作业中，人都居于主导地位。人操纵、控制、监督各项设备，完成各项作业，与环境进行信息交流，与其他作业协调一致。正是由于人在城市轨道交通运营工作中的重要地位，使得人的因素在运营安全中起着关键性作用。人在城市轨道交通运营安全中的特殊作用见表 1-3。

表 1-3　人在城市轨道交通运营安全中的特殊作用

特殊作用	含义
人的主导性	设备必须由人来设计、制造、使用和维护，即使是技术状态良好的安全设备，也只有通过人的正确使用才能发挥它的作用
人的主观能动性	当情况突然变化时，人能立即采取相应的措施，排除故障等不安全因素，使系统恢复正常运转。人具有主观能动性，是能够合理处置意外情况的前提
人的创造性	人能够通过研究和学习，不断提高和改善现有系统的安全水平

2）运营安全对人的素质要求

影响城市轨道交通运营安全的人的因素体现在人员的安全素质上，具体包括思想素质、技术业务水平、生理素质，以及群体素质等，同时，对运营系统内和系统外的人应具有素质的要求也不同。

对城市轨道交通运营系统内人员的安全素质要求见表 1-4。

表1-4 对城市轨道交通运营系统内人员的安全素质要求

素质要求	具体内容
思想素质	具有职业道德，爱护公共财物，具有同情心，人生观、价值观积极向上
技术业务素质	技术业务素质包括业务知识、文化素养、安全法律知识和安全技能，以及处理各种非正常情况的作业能力等。由于城市轨道交通运营作业经常可能面临各种意外情况，所以工作人员的应变能力非常重要。此外，对安全管理人员而言，还应具备相应的安全管理知识和能力
生理素质	生理素质是指影响运营安全的人体生命活动，包括身体条件及生理状况，主要有年龄、性别、记忆力、体力、耐力、血型、视力、视觉（色觉、形觉、光觉）、听觉、动作反应时间和疲劳强度等，这些均与城市轨道交通运营安全有着十分密切的关系
心理素质	心理素质是指影响运营安全的人的心理过程及个性心理特征，主要包括个体的气质、能力、性格、情绪、需要、动机、态度、爱好、兴趣、意志等各个方面
群体素质	群体是个体的集合，群体素质是指影响运营安全的群体特征，包括群体目标、群体内聚力、群体的信息沟通、群体的人际关系等。群体对运营安全的影响，主要表现在群体意志影响其成员的行为，包括社会从众作用、群体助长作用和群体规范作用

　　城市轨道交通运营系统外人员不直接从事运营活动，因此，对他们的安全素质要求主要体现在：要严格遵守交通安全法规的有关规定，具备城市轨道交通安全常识，同时具有较强的安全意识和一定的安全技能。

　　城市轨道交通运营安全对不同人员的素质要求如图1-6所示。

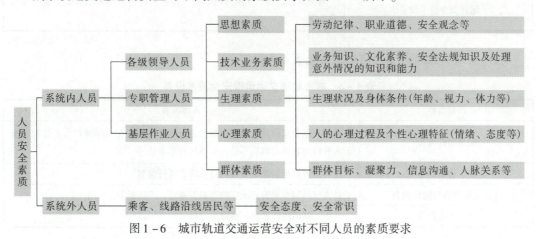

图1-6 城市轨道交通运营安全对不同人员的素质要求

2. 设备因素影响分析

　　城市轨道交通运营设备，是影响城市轨道交通运营安全的另一个重要因素。质量良好的设备既是运营的物质基础，又是运营安全的重要保证。

　　因设备故障造成两辆列车相撞事故的现场如图1-7所示。

图1-7　因设备故障造成两辆列车相撞事故的现场

与城市轨道交通运营安全有关的设备可以分为两种类型：运营基础设备、运营安全技术设备。

城市轨道交通运营安全相关设备见表1-5。

表1-5　城市轨道交通运营安全相关设备

设备名称	具体内容
运营基础设备	固定设备和移动设备。固定设备是指线路（路基路面、桥隧建筑物、轨道）、车站、信号设备（交通信号、连锁设备、闭塞设备）等。移动设备是指车辆、通信设备（各种业务电话、电报）等
运营安全技术设备	安全监控设备、安全检测设备、自然灾害预报与防治设备、事故救援设备等

城市轨道交通运营安全技术设备见表1-6。

表1-6　城市轨道交通运营安全技术设备

设备名称	具体内容
安全监控设备	能够对运营系统员工操作正确性进行监督，防止在实际运营作业过程中由于人的精力和体力出现不适应而造成行车事故
安全检测设备	能够对各种运营基础设备的技术状态进行检测
自然灾害预报与防治设备	具体包括塌方报警系统、地震报警系统、火灾报警系统等
事故救援设备	具体包括消防、抢修、排障等设备

3. 环境因素影响分析

影响城市轨道交通运营安全的环境条件包括内部环境和外部环境两类。

1）内部环境

城市轨道交通运营系统是一个非常复杂的宏观大系统。城市轨道交通运营系统构成见表1-7。

表 1-7　城市轨道交通运营系统构成

系统构成	具体内容
系统硬件	运营基础设备和运营安全技术设备
系统工作人员	运营系统内的各级管理人员和作业人员
组织机构	管理、运行机构，维修机构等
社会经济因素	政治、经济、文化、法律等

影响城市轨道交通运营安全的内部环境绝非仅是作业环境，还包括作业场所人为形成的环境条件，具体包括周围的空间和一切运营设施所构成的人工环境，还包括通过管理所营造的运营系统内部的社会环境，即运营系统外部社会环境因素在运营系统内的反映。运营系统内部的社会环境涉及面广，包括运营系统内部的政治、经济、文化、法律等环境。

2）外部环境

影响城市轨道交通运营安全的外部环境，包括自然环境和社会环境。

自然环境影响因素见表 1-8。

表 1-8　自然环境影响因素

自然环境影响因素	具体内容
自然灾害	洪水、雷电、台风、地震等
气候因素	风、雨、雷、电、雾、雪、冰等
季节因素	春、夏、秋、冬
时间因素	白天、黑夜

因雨水灾害引起的运营安全事件现场如图 1-8 所示。

图 1-8　因雨水灾害引起的运营安全事件现场

社会环境包括社会的政治环境、经济环境、技术环境、管理环境、法律环境，以及社

会风气、家庭环境等，它们对运营安全均有不同程度的影响，较为直接的影响是运营线路沿线治安和站场秩序状况。

因技术环境引起的运营安全事件现场如图 1-9 所示。

图 1-9　因技术环境引起的运营安全事件现场

二、多因素影响分析

多因素影响，也就是人、机、环境三者之间的相互作用。

多因素影响方式见表 1-9。

表 1-9　多因素影响方式

多因素影响方式类型	具体内容
人-人之间	人与人之间相互作用、相互影响、相互依赖、相互制约。人与人必须协调配合，才能有效保证运营的顺利进行。如果人与人协调配合不好，就会造成事故隐患乃至发生运营事故
人-机之间	"人"是行为的主体，由人操纵"机"运转，人的工作能力和态度直接影响"机"的运转状况。同时，智能的"机"可以部分地监督人的行为，减少人为偏差
人-环境之间	一方面，人从环境中获取物质、能量和信息，可以创造、改造环境；另一方面，环境反作用于人，使人必须适应环境
人-机-环境之间	根据系统的整体性思想，单纯一个要素的良好状态并不能保证系统的优化，为充分发挥系统的整体功能，必须有效地组合与协调三者之间的关系

三、管理因素影响分析

人、机、环境往往是造成事故的直接原因，而管理看似间接原因，但追根溯源，管理却是根本的、本质的原因。这是因为前三者都是受管理支配的，所以安全管理工作的关键是管理。

城市轨道交通运营安全管理是指管理者按照安全运营的客观规律，对运营系统的人、财、物、信息等资源进行计划、组织、指挥、协调和控制，以达到减少或避免交通运营事故的目的。换言之，城市轨道交通运营安全管理，是指为了有效地减少运营事故及由运营事故所引起的人和物的损失而进行危险控制的一切活动。

简单来说，城市轨道交通运营安全管理的目的是避免运营事故或减少运营事故造成的损失，主体是运营系统的各级管理人员，对象是人（基层作业人员）、财（安全技术措施和经费等）、物（运营基础设备和运营安全技术设备等）、信息（安全信息）等，采用的方法是计划、组织、指挥、协调和控制，本质是充分发挥人的积极性和创造性，调动一切积极因素，促使各种矛盾向有利于运营安全的方向转化。

管理对城市轨道交通运营安全的重要性见表1-10。

表1-10 管理对城市轨道交通运营安全的重要性

重要性	具体内容
有助于提高运营系统内人员、设备和环境的安全性	进行人员教育与培训等
具有协调运营系统内人、机、环境之间关系的功能	人-人关系、人-机关系、人-环境关系、人-机-环境关系
具有优化运营系统人-机-环境整体安全功能的能力	具有运筹、组合、总体优化的作用

如图1-10所示，影响城市轨道交通运营安全管理的因素较多，主要有安全组织、安全法制、安全信息、安全技术、安全教育和安全资金。

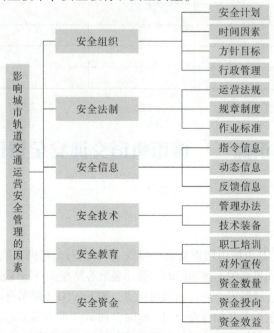

图1-10 影响城市轨道交通运营安全管理的因素

城市轨道交通不同类型重大运营事故发生比例如图 1-11 所示。

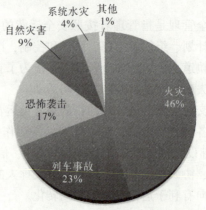

图 1-11　城市轨道交通不同类型重大运营事故发生比例

学习思考

影响城市轨道交通运营安全管理的因素有哪些？它们之间是什么样的关系？

评价表

根据以上学习内容，评价自己对相关知识与技能的掌握程度，在相应空格打"√"。

评价内容	差	合格	良好	优秀
人的影响因素				
机的影响因素				
环境的影响因素				
管理的影响因素				

知识点三　城市轨道交通安全管理

引导案例

2010 年 3 月 15 日，某市城市轨道交通一号线 1806 次列车司机在确认倒计时和时刻表后，正点关车门、屏蔽门。司机在关客边门时，有一名乘客站在 24 号屏蔽门处，未能上车。司机确认车门、安全门关好，缝隙安全后，回到司机室，按下 ATO（列车自动运行系统）按钮。突然司机发现之前未上车的乘客在拍打安全门。此时，列车以 ATO 模式起动，离开站台，司机马上使用对讲机通知站台岗工作人员按压站台紧急停车按钮，避免事故扩大。

城市轨道交通行业属于运输业，其产品为实现乘客位移和提供运输服务。在运输过程中，必须保证运输对象安全，安全是运输产品的首要质量特性。城市轨道交通已成为社会公益事业的一部分，目前大多数城市都利用城市轨道交通解决日益严重的交通拥堵问题，所以，一旦城市轨道交通发生重大事故，不仅会对城市轨道交通沿线的交通造成重大影响，而且会影响整个城市的正常运转。同时，从城市轨道交通行业来看，如果发生事故，不仅使企业自身的经济效益受损，同时也使企业的形象受损。只有保证城市轨道交通系统的安全，才能吸引更多的乘客选择该交通方式，更大范围地解决城市的交通拥堵问题；也只有确保城市轨道交通更加安全，才能使社会经济和社会效益都更上一个台阶。

安全管理在城市轨道交通行业受到普遍重视，在很多国家都有常设机构或部门负责管理，这些机构的名称虽然不同，但职能大同小异。安全是法律赋予城市轨道交通系统的义务和责任，《中华人民共和国安全生产法》《城市轨道交通运营管理办法》，以及各城市制定的城市轨道交通安全运营管理办法等法律法规明确规定，各城市轨道交通运输企业必须严抓安全管理，把安全管理放在第一位来看待，严防各类安全事故的发生。

一、安全管理的内容

城市轨道交通安全是指行车工作和客运工作不发生人身伤亡、火灾爆炸、设备设施故障等事故。依照城市轨道交通安全管理的基本原理和要求，安全管理的基本内容可包括安全总体管理、安全重点管理和安全事后管理3个方面。

1. 安全总体管理

在城市轨道交通运营管理工作中，一切以安全生产为重，各管理部门为确保运输安全所做的工作都应纳入安全总体管理的范畴。

1）安全总体管理的对象

安全总体管理是针对"人－机－环境"系统整体的安全管理。安全总体管理的目的是提出一定时期的运营安全要求，并根据运转目标构建城市轨道交通安全"人－机－环境"控制系统。

人、机、环境结合的目的，就是充分利用人因工程学的研究成果，使技术和机器在更大程度上适用于人，从而提高人－机－环境系统的安全性。

机器仅由于与人及环境的相互作用，才成为城市轨道交通运输安全总体管理的一个重要内容。实际上，在机器的规划阶段，即在确定机器的功能及应用模式和对机器的形式及有效性作必要的论证时，人－机关系就已开始形成。从机器制造到运行的各个阶段，人与机器之间一直保持着相互作用关系。在上述各阶段，人作为一种安全因素，对机器的性质及特点有广泛的影响。

人和机器都被置于环境中。一方面，人的操作可能引起机器的事故和损失，从而对环境产生有害影响；另一方面，环境中有许多自然过程如地震和灾难性暴风雨、洪水等，以及源于技术的灾害如火灾和爆炸，都会对机器产生危害。为此，必须首先确定机器是否影响和怎样影响环境，或者环境是否危及机器，只有通过对人与机器，以及通过对人与环境的各种相互关系进行透彻的分析，才能避免在人－机－环境控制系统的构建中出现错误。低估环境的重要性可能会给城市轨道交通安全带来严重后果。

2）安全总体管理的内容

安全总体管理，涉及面很广，内容非常丰富。安全总体管理的内容见表1－11。

表 1 – 11　安全总体管理的内容

内容	含义
安全组织管理	承担安全的组织领导、协调平衡和监督检查工作，负责使城市轨道交通运营企业安全管理机制有效地运转，保证安全目标的实现
安全法规管理	严格遵循国家有关城市轨道交通运营安全的法律法规等规定，对各种运输规章制度和作业标准进行研究、制定、修改、完善、贯彻和落实，使运营安全管理工作做到有法可依、有章可循、违法必究、违章必惩
安全技术管理	正确执行国家有关技术政策、标准、规程和城市轨道交通主要技术政策，为运营安全提供可靠的技术依据和技术措施，充分发挥科技这个第一生产力的作用，不断吸收现代科技先进成果，促进运营安全管理科技含量日益增加
安全教育管理	为了实现城市轨道交通运营安全，必须通过各种形式和方法，对广大干部和职工进行经常性的安全教育
安全信息管理	在运营生产过程中，对一切有利于安全生产的指令和系统安全状态的描述或反映
安全资金管理	搞好运营安全，必须有相应的安全资金保证

（1）安全组织管理。安全组织管理的主要内容有：①安全计划管理，负责运营安全的中长期规划和近期计划的编制和组织实施，以及方针、目标和政策的制定与落实；②安全行政管理，包括各级安全管理机构的设置和职责划分，安全工作组织领导的原则和方法的确定，以及保证职工安全生产的组织手段；③安全劳动管理；④职工生活管理；⑤安全行为管理等。

（2）安全法规管理。安全法规管理的主要工作：一是建立、健全各项安全法律法规；二是增加、废止工作。安全法规要在尊重实践、尊重科学的基础上，通过建立、修订、补充而逐步形成相对稳定、协调一致、切实可行的规章制度和作业标准体系。但技术条件和作业环境的变化，必然对运营安全规章制度和作业标准的针对性、有效性和规范性提出新的要求，及时增加运营生产急需的规章制度和废止不适用的规章制度对安全运营具有同等重要作用，不可偏废。

（3）安全技术管理。安全技术管理包括对运营安全硬件技术设备的维护与管理和对运营安全软件技术的开发与应用。

运营安全硬件技术设备的维护与管理是指对运输基础设施和安全技术设备的研制、试验、引进、装配、维护和质量管理等。运营安全软件技术的开发与应用，包括与运营安全有关的各种操作办法、管理方法、运营安全管理基础理论及安全科学理论的研究与应用。

（4）安全教育管理。安全教育管理的内容见表 1 – 12。

表 1 – 12　安全教育管理的内容

内容	具体内容
安全思想教育	安全思想教育包括安全生产方针、政策、劳动纪律、作业纪律等各项规章制度和典型事故案例教育等
安全知识教育	安全知识教育包括安全生产技术知识教育和安全管理知识教育，前者包括运营生产特点、安全特性、设备性能、各部门作业方法及规范要求、事故成因及预防等；后者主要是对安全管理人员进行安全教育，内容包括运营安全管理体制和各部门安全管理体系的构成与运作、事故预测和预防、安全系统评价的基本原理和方法

续表

内容	具体内容
安全技能教育	安全技能教育通过对作业人员进行长期、反复训练及作业人员本人实践，把所学到的安全知识转化为动手能力的过程，其主要解决"应会"的问题。安全技能教育的内容包括岗位熟练操作，防止误操作和处理异常情况的技术、知识和能力
事故应急处置教育	事故应急处置教育包括事故应急处置知识教育、自我保护和自救互援教育、事故现场保护方法教育和事故应急处置演习等

安全思想教育是安全教育的重点，通过正反两方面的教育，使基层作业人员和各级管理人员牢固树立"安全第一"的思想，强化"预防为主"的意识，正确处理好安全与效率、安全与效益的关系。通过上述教育能有效地防止事故损失扩大，为清理事故和迅速恢复正常运输秩序创造有利条件。

此外，对城市轨道交通系统外部人员进行的城市轨道交通知识、安全常识，以及安全法制的宣传、教育也是安全教育管理的重要内容，必要时应与地方政府配合进行。

（5）安全信息管理。安全信息既是安全管理的对象，又是安全管理的重要支撑。安全信息包括以下内容：安全指令信息，指各种安全法规和安全方针、政策、目标、计划和措施等；安全动态信息，指在完成运营任务、执行指令信息过程中的正面和负面效应的反映；安全反馈信息，指执行指令后获得的，能用来调整和控制安全生产的信息；其他安全信息，如安全科学技术和管理信息等。

从某种意义上说，安全管理就是准确、及时、经济地搜集、加工、传递、存储、检索、输出一切对运营安全有用、有利的信息，并运用运营安全所需的安全指令信息、安全动态信息、安全反馈信息和其他先进的安全科技和管理信息。为此，要有严密的组织和先进的手段加以保证，如建立健全各种信息中心和网络，并广泛应用电子计算机和各种先进的信息处理技术。

（6）安全资金管理。安全资金管理包括对保证运营安全所需资金的筹集、调拨、使用、结算、分配等，并进行安全投资的经济评价与经济分析，实行财务监督等。

在实际工作中，各职能部门应按照"谁主管、谁负责"的原则，在努力做好本职工作的同时，为实现安全目标所规定的任务，协调配合，共同形成合力，发挥整体优势。

2. 安全重点管理

为了保证运营安全，要认真做好安全基础管理（总体安全管理）的各项工作。同时，也要根据实际需要和生产规律，对影响安全的关键因素进行重点管理，如此，才能点面结合，更好地把握安全生产的主动权。安全重点管理可归结为对人员安全重点管理、设备安全重点管理、环境安全重点管理和作业安全重点管理，所有这些管理工作对运营安全生产具有重要意义和保证作用。

1）人员安全重点管理

人员安全重点管理的4个规律见表1-13。

表 1-13 人员安全重点管理的 4 个规律

规律名称	具体内容
生产规律	针对关键时间、岗位、车次和人员，把安全教育工作贯彻到运营全过程中去
自然规律	根据风、雨、雾、霜、雪等天气和季节变化对运营生产和职工心理带来的影响，有预见地做好事故预防工作
职工思想变化规律	对于社会条件和职工需求之间的矛盾，进行正面教育，即时疏通引导，协调关系，增强团结，确保安全生产形势稳定
人的生理、心理规律	按照职工性别、年龄、体力和智力差异，以及在生产中担当工作的性质不同，加强对行车等主要工种人员的选拔和管理

提高人员安全管理的水平，就要全面强化职工业务培训。重点提高全员实际操作技能，特别是非正常情况下作业技能和设备故障应急处理能力，落实作业标准化。也要提高安全管理人员的综合素质。安全管理人员具备良好的思想、业务和身心素质是运营安全方针、政策得以贯彻和执行，安全技术、安全工程和安全管理得以推行和落实的重要基础条件。构建运输人员生理、心理安全保障体系也很重要。对主要工种建立人员生理、心理指标体系及其标准，以便对主要工种工作人员的管理更加科学、可靠。

2）设备安全重点管理

设备安全重点管理工作主要包括加强对设备的养护维修，加快设备更新改造速度，保证安全技术装备重点项目顺利实施等，这是一项长期而艰巨的任务。

（1）提高基础设备的安全管理水平。提高设备质量，加强设备管理，必须坚持定期检查制度，建立各种检查记录台账，立卡建档，定期保质、保量地做好维修保养和病害整治工作。对设备的惯性故障、重点病害、严重隐患要集中力量加以整治，采取严密的安全防范制度和措施，杜绝简化检查、检测、维修作业程序的现象发生，确保运营安全。对设备的养护维修，应坚持预防为主、检修与保养并重、预防与整治相结合的原则，处理好设备维修与运输生产的关系，正确合理地使用设备，提高操作技术和保养水平，防止超负荷、超范围、超性能地使用设备，使设备质量可靠稳定，逐步形成"修、管、用"良性循环的发展模式。

（2）提高基础设备的安全性能。合理规划线路大修换轨，努力提高线路质量，依靠科学技术提高车辆制造和检修质量，切实改善通信及供电设备工作条件。

（3）提高安全技术设备的安全性能。积极改善检测装备，加大对自然灾害预报及防治设备的投入。

3）环境安全重点管理

环境对运营安全的影响可分为内部环境条件影响和外部环境条件影响两个部分，前者包括作业环境和由管理行为营造的内部社会环境，后者系指自然环境和外部社会环境。在众多的影响因素中，作业环境和内部社会环境是可控的，而自然环境和外部社会环境是不可控的，但企业管理可通过改善可控的内部小环境来适应不可控的外部大环境，其作用就在于保持良好的工作、作业和生活秩序，保障职工身心健康，保证运营安全。其主要方法有：加强管理，改善内部社会环境条件；大力改善作业环境。

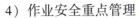

4）作业安全重点管理

运营安全管理的出发点和落脚点是现场作业控制，而对现场作业重点控制的内容包括标准化作业控制、非正常情况下作业控制和结合部作业联控等。

（1）标准化作业控制。标准化是指"在经济、技术、科学及管理等实践活动中，对重复性事物和概念通过制定、发布和实施标准，达到统一，以获得最佳秩序和社会效益"。运营标准化作业是对既有作业标准，从学习标准、对照标准到达到标准（学标、对标、达标）所进行的全部活动，只有在组织、制度、措施和监控等方面严格管理，才能使标准化作业得以实现并持之以恒。

（2）非正常情况下作业控制。正常作业条件下的标准化作业能确保运输安全。非正常情况下由于部分作业标准无法得到实施，不得不执行特殊规定，稍有不慎极易造成事故。非正常情况下的作业控制，主要是研究解决非正常情况下的作业控制问题。非正常情况下的作业应严格遵守有关作业标准和原则，此外，还必须根据非正常情况下的作业特点，采取相应的措施和办法。

（3）结合部作业联控。结合部是指由几个单位或部门共同参与工作或管理而形成的相互联系、相互制约的环节、区域或部位。要有效地保证城市轨道交通运营安全，离不开各部门、各工种的协调配合、群体防范，否则，就会打乱甚至破坏运营正常秩序，使运营安全失去基本条件。如果各部门只从本位出发，出了事故互相推卸责任，就难以抓住发生事故的本质问题，进而采取有效的防范措施。作业人员总会有失误，设备总会有故障，环境也在不断变化，意外的情况时有发生，如果不组织相关部门互相监督、多个工种共同预防，就会使本来可以避免的事故发生。强化结合部管理是降低事故发生概率、保证运营安全的重要途径。

结合部管理实质上是一种横向管理，是协调不同部门和工种之间横向关系的一种手段——联合控制（联控）。联控的基本原理和方法是增加有效冗余，加强前馈控制及系统要素优势互补。其基本要求是：通过对安全系统进行分析和评价，找出系统薄弱环节，提出预防对策；制定相关部门联合控制的作业标准、程序和措施；建立信息网络，制定联控制度，加强联控考核。

3. 安全事后管理

安全事后管理是事故发生后的安全管理工作，它是运营安全系统管理不可缺少的重要组成部分，主要涉及运营事故调查处理，即事故通报、调查处理、责任判定、统计分析、总结报告等。

事故发生后，主管部门和有关单位需要做大量的调查和处理工作，如减少事故损失和防止事故扩大的抢险、救援，以及事故定性和定责，总结经验教训，采取防范措施等，以防止同类事故重复发生。更为重要的是要对导致事故发生的直接和间接原因及其相互间的内在联系进行实事求是、深入细致的分析，形成有利于改善安全状况的共识和对策，并将其上升为安全总体管理和重点管理的新内容。

综上所述，城市轨道交通安全系统管理，就是通过安全总体管理、安全重点管理和安全事后管理的综合实施和全面加强，促进运营安全的全过程（计划、实施、监控）、全员（领导、干部、职工）、全要素（人员、设备、环境等）的全方位管理，有效地实现从"事故处置"向"事故预防"，从"重治标，轻治本"向"标本兼治，从严治本"，从"条块分割，各自为主"向"条块结合，以块为主，逐级负责"等方面转变，切实把握运

营安全生产主动权。

二、安全系统管理方针

根据我国相关的法律、法规，"安全第一，预防为主"是我国城市轨道交通安全管理的方针。

"安全第一"就是要求运营企业在组织生产、指挥生产时，坚持把安全生产作为企业生存与发展的第一要素和保证条件。在城市轨道交通系统中，"安全第一"就是把安全工作放在第一位。各级行政正职领导是安全生产的第一责任人，必须亲自抓安全工作，确保安全工作列入本单位的议事日程。"安全第一"就是要求运营单位在组织生产、指挥生产时，坚持把安全生产作为企业生存与发展的第一要素和保证条件。具体体现就是安全具有"一票否决权"，当安全与其他工作出现矛盾时，其他工作应首先服从于安全工作。

"预防为主"就是要求运输企业以积极主动的态度，从组织管理和技术措施上增强安全保障系统的整体功能，把事故遏制在萌芽状态，做到防患于未然。城市轨道交通运输企业必须将工作的立足点纳入"预防为主"的轨道。"预防为主"是安全生产方针的核心和具体体现，是实施安全生产的根本途径。

安全工作必须始终将"预防"作为主要任务予以统筹考虑。除了自然灾害造成的事故以外，任何事故都是可以预防的。要把可能导致事故发生的机理或因素消除在事故发生之前。安全预防工作的作用见表1-14。

表1-14　安全预防工作的作用

序号	作用	解释
1	实现"安全第一"的保证	"预防为主"是实现安全生产的最好举措，要实现安全就必须从"预防为主"做起
2	体现"以人为本，重视教育"	"预防为主"就是要教育、培训员工学好各种技术本领，树立起牢固的安全意识，学会如何做、怎样做才能安全，使员工从"要我安全"转变为"我要安全"，再转变为"我会安全"
3	有利于做到"安全生产、人人有责"	"预防为主"就是要严格把安全生产责任制层层分解，分解给各级领导、各部门和各类人员。对安全生产实行全员、全方位和全过程的管理，真正做到各司其职、各负其责，彻底消除安全死角，清理安全隐患，确保安全生产
4	有利于做好前馈控制	"预防为主"就是未雨绸缪，认真做好事故预想，制订好预防事故计划与安全技术劳动保护计划，确保没有安全措施的事不做，没有安全保障的事不为
5	有利于贯彻严格的工作制度	"预防为主"就是要坚决杜绝无票工作、无票操作；要修正防误装置，杜绝误操作；要坚持事故调查"四不放过"原则，总结经验教训，避免事故重复发生
6	有利于树立持久的安全观念	"预防为主"就是要警钟长鸣，要求在思想上"不怕一万，就怕万一"；要建立健全安全监察机构，强化安全监察工作，并要求安全管理专职人员要经常敲响安全生产"警钟"
7	利于做好日常例行安全工作	预防为主既要讲意识，又要讲行为、措施。要坚持执行各项安全规章制度，要坚持做好例行安全工作，如班前会、班后会、安全分析会、安全监察会、安全检查会等

序号	作用	解释
8	利于推广安全性评价	安全性评价是安全管理现代化的一项重要内容，是企业在安全生产上改善微观管理的一个重要手段。通过安全性评价，可以预见事故的发生并事先对事故采取预防措施

"安全第一，预防为主"是相辅相成、辩证统一的关系。只有重视安全，才会去做预防工作；只有做好预防工作，才能实现安全，可见"预防"在进行安全管理时占据着重要的地位。

三、安全管理的特点

要做好城市轨道交通运营安全工作，首先必须了解城市轨道交通运营安全工作的特点，然后针对其特点，采取相应措施，确保运营质量。城市轨道交通的生产是通过乘客的位移来完成的，而乘客的位移又是在多部门、多工种共同配合下，在列车的运行中实现的，所以，城市轨道交通运营管理的安全工作，一方面，与其他行业有着共同的要求，即在运营管理过程中，防止和消除人身伤亡事故和设备损毁事故，"变危险为安全，变有害为无害"；另一方面，由于城市轨道交通本身的特点，决定了城市轨道交通运营管理在安全上有其自己的特点。城市轨道交通运营安全管理的特点如表 1 – 15 所示。

表 1 – 15　城市轨道交通运营安全管理的特点

特点	解释
城市轨道交通是一架大"联动机"，安全工作影响面广	城市轨道交通运营都是在地下、地面、高架等复杂的运行条件下进行的，外界自然环境、社会环境及城市轨道交通运营系统内部环境等多方面的因素对运营安全的干扰和影响较大。城市轨道交通运营是由车辆、车站、工务、电务等多部门组成的一架大"联动机"，每个工作环节必须紧密联系、协同动作，才能确保安全运营，否则，一个部门、一个环节出了问题都会影响其运营安全。这一点在行车安全方面表现得更为突出。如果一个地方发生行车重、特大事故，就会影响一线、一片，甚至波及整个企业的运营
城市轨道交通运营过程复杂，安全贯穿始终	城市轨道交通运送乘客，要经过若干工序、若干人员的共同劳动才能实现。安全工作贯穿运营管理过程的始终，涉及运营管理环节中的每一道工序、每一个人。在城市轨道交通运营过程中，各个工作环节都必须严格遵章守纪，只有这样，才能确保乘客的安全
城市轨道交通运营安全受外界自然环境影响大	城市轨道交通运营受外界自然环境变化的影响大。天阴、下雨、刮风、下雪等都会影响驾驶员瞭望信号和观察线路情况，稍不注意就可能发生事故；防洪季节可能发生塌方落石或线路、桥梁被损坏，影响行车安全；寒冷季节可能冻坏运营设备，影响安全运营；强烈的雷电可能毁坏或干扰通信、信号设备，从而影响行车安全
城市轨道交通线网覆盖整个城市，安全工作受社会环境影响大	城市轨道交通运送乘客是在复杂的城市轨道交通线路上完成的，因此，社会治安秩序的好坏，沿线人民群众对城市轨道交通安全知识的了解（如一些乘客违章携带危险品、易燃和易爆品上车等），都将影响城市轨道交通的安全
城市轨道交通是城市现代化交通工具，技术性强	城市轨道交通是城市现代化的交通工具，设备先进、结构复杂，因而技术性很强。各种车辆、车站设备、调度设备、通信设备、养路机械、修车设备等结构复杂，要求有相应的安全技术措施和有关的技术知识。因此，各类操作人员都必须经过技能培训并经严格考试合格后才能胜任

城市轨道交通运营安全与突发事件处置

续表

特点	解释
城市轨道交通运营是动态的，时间因素对安全影响大	城市轨道交通运营是通过列车运行使乘客发生位移，把他们运送到目的地。由于行车的密度大，列车运行间隔时间短，因此，在运营时要求有关人员特别注意时间因素，要做到分秒不差、准确无误，才能确保运营安全，否则，一分一秒之差，可能导致重、特大事故，造成不可挽回的损失

 知 识 链 接

城市轨道交通员工通用安全守则

"五注意"：

注意警示标志，谨防意外。

注意扶梯运作，谨防夹伤。

注意地面积水、积油，谨防滑倒。

注意高空坠物，谨防砸伤。

注意设备异常现象，及时发现、及时排除，谨防发生事故。

"六必须"：

必须坚守岗位，遵章守纪。

必须按规定正确使用劳保用品。

跨越线路必须一站、二看、三通过。

施工前做好防护，施工后必须清理现场，出清线路。

堆放物品必须整齐稳固。

发现违章操作，必须坚决加以制止。

"七不准"：

不准在线路附近舞动绿、黄、红色物品。

不准在站台边缘与安全线之间坐卧、行走、堆放物品。

不准发出违章指令。

不准在工作现场和设备场所追逐打闹、打架斗殴。

不准使用有安全隐患的工具、设备。

不准臆测行车。

不准当班饮酒、看书报杂志、聊天和打盹。

"八严禁"：

严禁擅自跳下站台和进入隧道。

严禁携带易燃品、易爆品、剧毒品等危险品进站上车。

严禁上下行驶的车辆。

严禁擅自进入行车部位和主要设备场所。

严禁擅自触动任何设施、设备。

严禁攀登机车车辆和车载货物顶部。

严禁擅自移动、改换防护装置和警示标志。

学习思考

城市轨道交通安全系统管理的主要内容有哪些？

城市轨道交通安全管理的特点有哪些？

 评价表

根据以上学习内容，评价自己对相关知识与技能的掌握程度，在相应空格打"√"。

评价内容	差	合格	良好	优秀
安全管理内容				
安全系统管理方针				
安全管理特点				

模 块 评 价

根据以上学习内容，评价自己对本模块相关内容的掌握程度，在相应空格打"√"。

评价内容	差	合格	良好	优秀
对城市轨道安全意义的认识				
对安全的认识与理解				
对安全管理体系的构成要素的掌握程度				
学习中存在的问题或感悟				

 模 块 训 练

训练目的：使学生理解并掌握相关安全管理知识，掌握运营安全管理体系的构成，能将安全管理基础知识运用于城市轨道交通运营管理实践中，保证运营安全。

训练方法：多媒体教学、实地调研。

 模 块 小 结

　　安全管理基础知识是城市轨道交通运营安全管理工作的理论基础和依据。本模块介绍了安全、安全管理和安全生产管理等术语的基本概念和特点，安全管理体系的构成及城市轨道交通运营安全管理的特点。通过本模块的学习，学生需掌握基础知识，了解城市轨道交通运营安全管理体系，完成学习目标。

模 块 自 测

　　1. 你对安全的概念是如何理解的？

　　2. 分析影响城市轨道交通运营安全的因素，并分析各种因素之间的关系。

　　3. 安全管理的内容是什么？

　　4. 安全系统的管理方针是什么？

　　5. 城市轨道交通的安全管理具有哪些特点？

城市轨道交通危险源、职业危害与防护

情境导入

　　小明在了解了安全管理的基础知识和管理体系之后，又有很多问题冒了出来，平常导致伤害、损失的源头都是哪些？要如何识别和控制它们？地铁里画着的标志和颜色又都代表什么意思呢？如果我成为一名行车调度员，会有职业病吗？如果有，会是什么类型的职业病呢？应该如何预防呢？

　　自城市轨道交通出现以后，几乎每条城市轨道交通线路上都不同程度地存在事故风险。这些事故一般由多种危险源导致，既有物理性危险源，化学性危险源，生物性危险源，又有心理、生理性危险源，行为性危险源，等等。识别城市轨道交通危险源并对其进行安全管理和控制，熟知安全标志和安全色，对于在生活中趋利避害、在工作中预防和减少事故的发生都是十分有价值的。

学习目标

1. 掌握危险源的定义、分类和识别方法
2. 了解城市轨道交通的职业危害因素和职业病
3. 掌握安全色和对比色的种类和用途
4. 熟知安全标志的定义、作用、类型

知识点一　　危险源辨识

引导案例

　　2006 年 10 月，罗马一辆城市轨道交通列车驶入维托艾曼二世车站，追撞停靠站台的另一列列车，被撞击的列车的最后一节车厢与从后面驶来的列车的第一节车厢"纠结"在一起，许多旅客被夹在扭曲的车厢间，现场烟雾弥漫，照明中断。

罗马城市轨道交通事故现场如图2-1所示。

图2-1 罗马城市轨道交通事故现场

一、危险源的概念、类别

危险源是指可能造成人员伤害、职业病、财产损失、作业环境破坏等情况的原因或状态。城市轨道交通运营危险源可能是造成人员伤害、职业病、财产损失、作业环境破坏、行车等各类事故的根本原因或状态。

城市轨道交通危险源可以分为物理性危险源，化学性危险源，生物性危险源，心理、生理性危险源，行为性危险源五个方面。危险源类别见表2-1。

表2-1 危险源类别

危险源类别	主要内容
物理性危险源	设备、设施缺陷（强度不够、刚度不够、稳定性差、密封不良、外露运动件等）
	防护缺陷（无防护、防护装置或设施缺陷、防护不当、防护距离不够等）
	电危害（带电部位裸露、漏电、雷电、静电、电火花等）
	噪声危害（机械性噪声、电磁性噪声、流体动力性噪声等）
	振动危害（机械性振动、电磁性振动、流体动力性振动等）
	电磁辐射（电离辐射：X射线、Y射线、高能电子束等。非电离辐射：紫外线、激光、射频辐射、超高压电场等）
	运动物危害（固体抛射物、液体飞溅物、反弹物、岩土滑动、气流卷动、冲击地压等）
	明火
	能造成灼伤的高温物质（高温气体、高温固体、高温液体等）
	能造成冻伤的低温物质（低温气体、低温固体、低温液体等）
	粉尘与气溶胶（不包括爆炸性、有毒性粉尘与气溶胶）

续表

危险源类别	主要内容
物理性危险源	作业环境不良（基础下沉、安全过道缺陷、有害光照、通风不良、缺氧、空气质量不良、给排水不良、气温过高、气温过低、自然灾害等）
	信号缺陷（无信号设施、信号选用不当、信号不清、信号有时不准等）
	标志缺陷（无标志、标志不清、标志不规范、标志位置缺陷等）
化学性危险源	易燃、易爆性物质（易燃、易爆性气体，易燃、易爆性液体，易燃、易爆性固体，易燃、易爆性粉尘与气溶胶等）
	自燃性物质
	有毒物质（有毒气体、有毒液体、有毒固体、有毒粉尘与气溶胶等）
	腐蚀性物质（腐蚀性气体、腐蚀性液体、腐蚀性固体等）
生物性危险源	致病微生物（细菌、病毒、其他致病微生物）
	传染病媒介物
	致害动物
	致害植物
心理、生理性危险源	负荷超限（体力负荷超限、听力负荷超限、视力负荷超限等）
	健康状况异常
	从事禁忌作业
	心理异常（情绪异常、冒险心理、过度紧张等）
	辨识功能缺陷（感知延迟、辨识错误、其他辨识功能缺陷等）
行为性危险源	指挥错误（指挥失误、违章指挥等）
	操作失误（误操作、违章作业等）
	监护失误

二、危险源辨识

城市轨道交通危险源识别涉及员工的健康与安全、行车安全、设备安全、消防安全、交通安全、乘客及相关方安全、财产损失和列车延误等范畴。

危险源识别是确认危险源的存在并确定其特性的过程，实质是找出组织中存在的人的不安全行为、物的不安全状态、作业环境中存在的危害因素及管理缺陷。

1. 危险源识别的方法

在识别过程中，可以采用询问与交换、现场观察、查阅有关记录、获取外部信息、工作任务分析、安全检查表、作业条件的危险性分析、事件树、故障树等方法。识别危险源应关注的三种状态见表2－2。

表2-2 识别危险源应关注的三种状态

识别危险源应关注的三种状态		
常规状态	非常规状态	潜在的紧急情况
正常生产过程中的危险源的存在方式	①异于常规、周期性的或临时性的作业、活动。②偶尔出现，频率不固定，但可预计出现的状态。③由于外部的原因（如天气）导致的非常规状态，如启动、关闭、试车、停车、清洗、维修、保养等	①往往不可预见其后果的情况。②后果是灾难性的，不可控制的情况，如火灾、爆炸、严重的泄漏、碰撞等事故

2. 识别危险源的步骤

在城市轨道交通运营中，辨识危险源时，要遵循以下步骤。

1）识别准备

（1）确定分工。

（2）收集识别范围内的资料。

（3）列出识别范围内的活动或流程涉及的所有方面。

2）分类识别危险源

从地点平面布局、建（构）筑物、生产工艺过程、生产设备设施、作业环境及管理措施六个方面进行分类识别。

3）划分识别单元

识别单元是分类识别危险源的细化，可按照工艺、设备、物料、过程来细化；同类的过程或设备可以划为一类识别对象；识别对象不宜过粗或过细。

4）危险源的识别

先找出可能的事故伤害方式，再找出其原因。

5）填写危险源登记表

将识别的危险源登记在表中。

3. 危险源识别范围

危险源识别范围包括城市轨道交通系统覆盖范围内工作区域及其他相关范围内的生产经营活动、人员、设施等。其范围可以按两种方式划分：一是按地点划分，包括城市轨道交通沿线各车站、车辆段、OCC（控制中心）大楼、办公楼等；二是按活动划分，包括常规活动、非常规活动、潜在的紧急情况，各活动所包含的主要内容见表2-3。

表2-3 各活动所包含的主要内容

活动类别	主要内容
常规活动	运营服务活动：依据运营时刻表组织列车运营、客运服务过程
	设备设施的设计、安装、调试、验收、接管、使用过程
	公共活动：相关部门均有的活动，包含办公设备、电梯、叉车、消防设施、空调、空压机、抽风机使用，化学物品搬运、储存、废弃等
	间接活动：为运营服务活动提供支持的活动，主要包括物资部仓库管理、物料检验、物料采购及物料的使用管理等

活动类别	主要内容
非常规活动	设备设施维护保养，消防及行车疏散演习等
潜在的紧急情况	如行车、火灾、爆炸、化学物品泄漏、中毒、台风、雷击、碰撞事故（潜在的紧急情况的危险辨识需考虑紧急情况发生时和发生后进行抢险救援过程中存在的危险）

4. 确定危险源事故类型

在进行危险源识别前必须把危险源事故类型确定下来，以防止危险源识别不清晰、不全面。通过借鉴国标《企业职工伤亡事故分类》（GB 6441—1986）及分析城市轨道交通运营过程可能产生的行车事故/事件、列车延误及财产损失等事故类别，确定了危险源事故类型（见表2-4）。

表 2 - 4　危险源事故类型

事故类型	内容划分
伤害事故	物体打击
	车辆伤害
	机械伤害
	起重伤害
	触电
	淹溺
	灼烫
	火灾
	高处坠落
	坍塌
	容器爆炸
	其他爆炸
职业病	中毒和窒息
	尘肺
	视力受损
	噪声致聋
健康危害	健康受损
无伤害事件/事故	财产损失2 000元及以上
无伤害的列车延误事件	列车延误
含人员伤亡的行车事件	行车事件/事故
行车事件/事故	可能引发行车事件/事故的设备缺陷事件和行为事件

表中"可能引发行车事件/事故的设备缺陷事件和行为事件"及"行车事件/事故"这两个事故类型是一种从属的关系。即"可能引发行车事件/事故的设备缺陷事件和行为事件"，事故类型的风险属于"行车事件/事故"类型风险的危险源。设计这种从属关系的事故

类型可把运营过程中可能发生的重要风险所涉及的危险源划归到相关部门进行控制。

5. 危险源识别对象

在各部门列出识别范围内的活动或流程所涉及的所有方面后，选用合适的设备分析法、工艺流程分析法或其他划分方法，根据事故类型划分危害事件，并根据以下过程划分危险源识别对象。

（1）对车辆设备大修的活动，可按照其工艺流程分析法划分识别对象。

（2）对设备维护及保养的活动，可按照设备分析法，依据划分的设备作为危险源识别对象，并结合活动实施过程划分。

（3）使用设备时可根据具体操作过程识别对象。

（4）根据采购、存放、检测设备的过程识别对象。

（5）根据行车组织、客运组织过程识别对象。

（6）针对每一危险源辨识对象，参考危险源事故类型（见表2－4），识别可能存在的事故/事件，并登记在表2－5所示的危险源辨识及风险评价登记表中的"危害事件"栏以及"事故类型"栏内。

表2－5　危险源辨识及风险评价登记表

序号	部门/地点	活动	设备/设施/物料	危害事件	事故类型	危险源	危险源类别	风险评价			风险级别	控制措施	备注
								风险发生的可能性	事故后果严重程度	风险值			

三、城市轨道交通危险源的控制

1. 风险评价

对已识别出来的危险源，通常采用风险评价方法进行分类评价。风险评价的方法见表2－6。

表2－6　风险评价的方法

风险评价方法	描述
专家讨论与比较	由专业人员对风险控制水平进行判断
民意测验法	对民意调查表的结果进行统计分析
是非判断法	给出明确的标准，直接判断
权重与打分法（作业条件危险性评价法）	选择几个评价因子，用公式计算得到
事故树或事件树分析法	将系统可能发生的某种事故与导致事故发生的各种原因之间的逻辑关系用一种称为事件树的树形图表示，通过对事件树的定性与定量分析，找出事故发生的主要原因
统计图表分析	这是一种定量分析方法，适用于对系统发生事故情况进行统计分析，以便找出事故规律

2. 风险控制措施

根据风险评价的结果，可将风险分为 5 级：第 1 级，极其危险；第 2 级，高度危险；第 3 级，中度危险；第 4 级，一般危险；第 5 级，可容忍危险。风险控制措施见表 2 – 7。

表 2 – 7　风险控制措施

风险级别	措施
1 级和 2 级	一定要制定职业健康安全目标和职业健康安全管理方案
3 级	视情况制定职业健康安全目标和职业健康安全管理方案
1/2/3/4 级	制定运行控制程序，按程序进行管理
5 级	维持现有的风险控制措施
潜在的紧急风险情况	制定应急准备和响应控制程序，按程序进行管理

城市轨道交通运营系统的复杂性带来运营风险的多变性，因此，运营风险管理必须常抓不懈，不断进行自我纠正，为广大城市轨道交通运营一线员工和乘客提供良好的安全运营大环境。

 学习思考

危险源的含义是什么？
城市轨道交通危险源的含义是什么？
城市轨道交通危险源的类别有哪些？

 评价表

根据以上学习内容，评价自己对相关知识与技能的掌握程度，在相应空格打"√"。

评价内容	差	合格	良好	优秀
危险源				
城市轨道交通危险源				
城市轨道交通危险源类别				
城市轨道交通危险源控制				

知识点二　安全标志、安全色与安全线

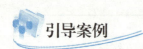 引导案例

　　2017年2月10日19点15分左右，在香港尖沙咀地铁站发生了港铁有史以来最恐怖的纵火袭击案，造成18人受伤，其中3人命危。而自2008年起，北京地铁所有车站均设有地铁安检，明令禁止携带管制刀具、易燃易爆品等违禁物品。

　　城市轨道交通安检场景如图2-2所示。

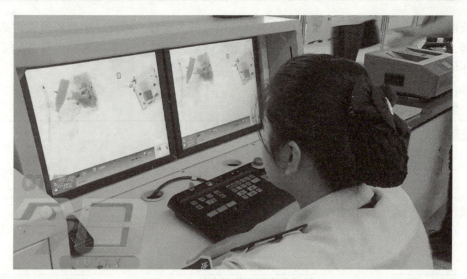

图2-2　城市轨道交通安检场景

一、安全标志

1. 安全标志的定义和作用

　　安全标志由安全色、几何图形、图形符号或文字所构成，用以表达特定的安全信息。辅助标志是安全标志的文字说明或补充。辅助标志必须与安全标志同时使用在一个矩形载体上，此标志称为组合标志。在同一矩形载体上含有两个或两个以上安全标志并且有相应辅助标志的标志，称为多重标志。

　　安全标志的作用是引起人们对不安全因素的注意，以达到预防事故发生的目的，但其不能代替安全操作规程和安全防护措施。

2. 安全标志的类型

　　根据《安全标志及其使用导则》（GB 2894—2008）的规定，安全标志分为禁止标志、警告标志、指令标志、提示标志，以及其他安全色标志。

1）禁止标志

禁止标志是禁止人们进行不安全行为的图形标志。其几何图形是带斜杆的圆环，图形符号为黑色，几何图形为红色，背景色为白色，共 23 种。禁止标志示例如图 2 – 3 所示。

| 禁止阻塞 | 禁止锁闭 | 禁止用水灭火 | 禁止吸烟 |

| 禁止烟火 | 禁止放易燃物 | 禁止带火种 | 禁止燃放鞭炮 |

图 2 – 3　禁止标志示例

2）警告标志

警告标志是提醒人们注意周围环境，避免可能发生的危险的图形标志。警告标志的几何图形是正三角形边框，图形符号、几何图形为黑色，背景色、衬边为黄色，共 28 种。警告标志示例如图 2 –4 所示。

| 当心触电 | 当心火灾 | 当心坠落 | 当心伤手 |

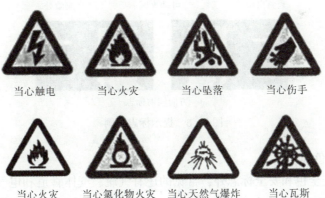

| 当心火灾 | 当心氯化物火灾 | 当心天然气爆炸 | 当心瓦斯 |

图 2 –4　警告标志示列

3）指令标志

指令标志是告诉人们必须遵守"指令"规定的图形标志。指令标志的几何图形是圆形边框，图形符号、衬边为白色，背景色为蓝色，共 12 种。指令标志示例如图 2 –5 所示。

必须加锁　必须系安全带　必须戴安全帽　必须穿安全鞋

必须戴防护面具　必须穿防护鞋　必须戴防护面罩　必须用防护装置

图 2 - 5　指令标志示例

4）提示标志

提示标志是向人们提示某种信息的图形标志。提示标志的几何图形是矩形，图形符号、衬边是白色，背景色是绿色。提示标志示例如图 2 - 6 所示。

紧急出口　　可动火区　　避险处

紧急出口　　方向辅助标志　　紧急出口

图 2 - 6　提示标志示例

5）其他安全色标志

除了上述的安全色和安全标志外，常见的还有气瓶、气体管道和电气设备等物品上的漆色。这些漆色代表一定的含义，能使人们一眼就能识别它所提供的信息。这对预防事故、保证安全是有好处的。

①气瓶的色标。气瓶色标是指气瓶外表面涂覆的字样内容、色环数目和颜色按充装气体的特性作规定的组合，是识别充装气体的标志。其目的主要是从颜色上迅速辨别出盛装某种气体的气瓶和瓶内气体的性质（可燃性、毒性），避免错装和错用，同时也可防止气瓶外表面生锈。充装常见气体的气瓶的颜色标志见表 2 - 8。

表 2-8　充装常见气体的气瓶的颜色标志

序号	充装气体名称	瓶色	字样	字色
1	乙炔	白	乙炔不可近火	大红
2	氢	淡绿	氢	大红
3	氧	淡（酞）蓝	氧	黑
4	氮	黑	氮	淡黄
5	空气	黑	空气	白
6	二氧化碳	铝白	液化二氧化碳	黑
7	氟	白	氟	黑
8	乙烷	棕	液化乙烷	白
9	液化石油气	棕（工业用）	液化石油气	白
		银灰（民用）	液化石油气	大红
10	氩	银灰	氩	深绿
11	氖	银灰	氖	深绿
12	六氟化硫	银灰	液化六氟化硫	黑

②管道的色标。管道色标的习惯用法是：蒸汽管道是白色，自来水管道是黑色，压力管道为黄色，消防管道为红色。

③电气设备相区别的色标。变电所设备（母线和进出线）和车间配电装置用色标相区别，主要规定是：A 相为黄色，B 相为绿色，C 相为红色，地线为黑色；直流正极为红色，直流负极为蓝色。

二、安全色

1. 安全色和对比色的定义

安全色是被赋予安全意义而具有特殊属性的颜色，用于表示禁止、警告、指令、指示等。其作用是使人们能够迅速注意到影响安全、健康的对象或场所，以防发生事故。本书所说的安全色不适用于灯光信号、荧光颜色和航空、航海、内河航运及为其他目的使用的颜色。

对比色是使安全色更加醒目的反衬色。

2. 安全色和对比色的种类与用途

《安全色》（GB 2893—2008）规定，安全色有红色、蓝色、黄色、绿色四种。安全色的含义和用途见表 2-9。

表2－9　安全色的含义和用途

颜色	含义	用途举例
红色	禁止	禁止标志：如城市轨道交通列车受电弓的支架带电部分涂红色，表示高压危险，禁止触摸
	停止	停止信号：机车、车辆上的禁忌停止按钮或手柄，以及禁止人们触动的部位
	消防	表示防火、灭火器
蓝色	指令必须遵守的规定	指令标志，如必须佩戴个人防护用具，道路上指引车辆和行人行驶方向的指令
黄色	警告	警告标志
	注意	警戒标志，如线路内危险机器和坑沟周边的警戒线，行车道中线，安全帽，城市轨道交通站台安全线
绿色	提示	提示标志
	安全状态	车间内的安全通道
	通过	车辆和行人通过的标志
	允许	消防设备和其他安全防护设备的位置
	工作	"在此工作"标志牌

注：①蓝色只有与几何图形同时使用时才表示指令；
②道路上的提示标志采用蓝色，不采用绿色，以免与道路两旁的绿色树木混淆。

对比色规定为黑、白两种颜色。黑色用于安全标志的文字、图形符号和警告标志的几何边框。白色既可用于安全标志红色、蓝色、绿色的背景色，也可以用于文字和图形符号。安全色与对比色的搭配应符合表2－10的规定。

表2－10　安全色与对比色的搭配

安全色	对比色
红色	白色
蓝色	白色
黄色	黑色
绿色	白色

注：黑色与白色互为对比色。

此外，通常使用的相间条纹有红色与白色相间、黄色与黑色相间、蓝色与白色相间、绿色与白色相间四种。相间条纹的含义和用途见表2－11。

表2－11　相间条纹的含义和用途

颜色	含义	用途举例
红白相间	禁止越入	防护杆
黄黑相间	警告注意	当心滑跌标志
蓝白相间	必须遵守	交通导向标志
绿白相间	使标志牌更醒目	安全标志杆

知识链接

安全线

安全线是用以划分安全区域与危险区域的分界线。城市轨道交通站台上的安全线是安全线的一种。根据国家有关规定，安全线用白色，宽度不小于 60 mm。有了安全线的标示，我们就能区分安全区域和危险区域，这有利于我们对危险区域的认识和判断。

学习思考

安全标志的定义是什么？其有哪些类型？

安全色和对比色的定义是什么？

评价表

根据以上学习内容，评价自己对相关知识与技能的掌握程度，在相应空格打"√"。

评价内容	差	合格	良好	优秀
安全标志定义				
安全标志类型				
安全色定义				
对比色定义				

知识点三　职业危害与职业病

引导案例

随着我国经济发展，城市轨道交通网络将更加密集，从业人员也将越来越多。由于城市轨道交通各设备系统运行、设备检修作业和地下环境影响，值班员、维修工、司机等人员必然会受到职业病危害因素影响，因此，城市轨道交通运营单位做好职业病防治工作十分重要。

一、职业性危害因素

在劳动生产过程中、作业环境中存在的危害劳动者健康的因素，称为职业性危害因素，按其来源可概括为三类。三种职业性危害因素见表 2–12。

表 2–12　三种职业性危害因素

生产过程中的危害因素	劳动过程中的危害因素	生产环境中的危害因素
化学因素：工业毒物，如铅、苯、汞、锰、一氧化碳；生产性粉尘，如矽尘、石棉尘、有机性粉尘。 物理因素：异常气象条件，如高温、高湿、低温、高气压、低气压；电离辐射，如 X 射线；非电离辐射，如紫外线、红外线、高频电磁场、微波、激光；其他，如噪声、振动等。 生物因素：皮毛的炭疽杆菌、布氏杆菌、森林脑炎病毒，有机粉尘中的真菌、真菌孢子、细菌等	劳动组织和劳动过程不合理、劳动强度过大、精神或心理过度紧张、劳动时个别器官或整个机体过度紧张、长时间以不良体位劳动、劳动工具不合理等	自然环境因素、厂房建筑布局不合理、来自其他生产过程散发的有害因素造成的生产环境污染

在实际工作场所，往往同时存在多种有害因素，对劳动者的健康产生综合或协同作用，其职业性危害的影响会更大。

二、职业病范畴及防治措施

1. 职业病的定义

《中华人民共和国职业病防治法》规定，职业病是指企业、事业单位和个体经济组织的劳动者在职业活动中，因接触粉尘、放射性物质和其他有毒、有害物质等因素而引起的疾病。

职业病是由于职业活动而产生的疾病，但并不是所有在工作中得的病都是职业病。构成职业病必须具备四个要件。

（1）患病主体必须是企业、事业单位或者个体经济组织的劳动者。

（2）必须是在从事职业活动的过程中产生的。

（3）必须是因接触粉尘、放射性物质和其他有毒、有害物质等职业性危害因素而引起的，其中放射性物质是指放射性同位素或射线装置发出的 α 射线、P 射线、X 射线、中子射线等电离辐射。

（4）必须是国家公布的职业病分类和目录所列的职业病，有明确的职业相关性，按照职业病诊断标准，由法定职业病诊断机构明确诊断。《职业病的分类和目录》由国务院卫生行政部门会同劳动保障行政部门规定、调整并公布。我国法定职业病主要有尘肺病（13种）、职业性放射性疾病（11种）、职业中毒（56种）、物理因素所致职业病（5种）、职业性传染病（3种）、职业性皮肤病（8种）、职业性眼病（3种）、职业性耳鼻喉口腔疾病（3种）、职业性肿瘤（8种）、其他职业病（5种），共计10大类115种。

在上述四个要件中，缺少任何一个要件，都不属于国家法定的职业病。

2. 职业病的特点

一般来说，职业病有六个特点。职业病的特点见表 2–13。

表 2 – 13　职业病的特点

职业病特点
（1）病因明确，病因即职业危害因素，在控制病因或作用条件后，可消除或减少发病
（2）所接触的病因大多是可检测的，而且需要达到一定的程度才能使劳动者致病，一般接触浓度或强度与病因有直接关系
（3）在接触同样因素的人群中，常有一定的发病率，很少只出现个别病人
（4）不少职业病目前尚无特效治疗方法，只能对症治疗，故如能早期诊断，进行合理处理，愈后较好，康复较易；发现越晚疗效越差
（5）除职业性传染病外，治疗个体无助于控制人群中的发病，但职业病是可以预防的
（6）在同一生产环境从事同一种工作的人中，个体发生职业性损伤的机会和程度也有极大差别，这主要取决于个体特征差异

3. 职业禁忌的内容

在上岗前通过职业卫生健康检查，能及时发现劳动者因从事某种职业会对其健康造成伤害或不适。上岗前健康检查必须根据劳动者将要从事的职业所存在的职业病危害因素对健康体检的要求来进行，不同职业所接触的有害因素不同，检查的重点也不同，各项职业健康体检的项目也不同，如对将要从事接触苯作业的就业者，常规血象检查是十分必要的，必须按苯作业人员体检要求认真检查并详细记录白细胞计数和分类、血小板计数、血红蛋白计数、红细胞计数等。

在从事作业过程中诱发可能对他人生命健康构成威胁的疾病的个人特殊生理或者病理状态。如对将要从事城市轨道交通车辆驾驶工作的就业者，除常规的职业健康检查外，还要重点检查就业者是否存在色盲、心脏病或者高血压和精神过度紧张等特殊情况。否则，存在色盲的驾驶员会因为无法分辨交通或者指挥信号而违章操作，威胁他人生命健康和个人生命健康。

因接触某种职业性危害因素，而罹患职业病或者导致自身原有疾病病情的加重。如存在有哮喘疾病因子的就业者，可能会因为接触某种生物因素或者化学因素而诱发哮喘病的发作或加重其原有的病症。肺部功能不正常的就业者可能因接触粉尘而患尘肺病或加重原有的病情。

4. 职业病危害因素对人体健康的影响及其防治措施

常见职业病危害因素、来源及可能导致的职业病见表 2 – 14。

表 2 – 14　常见职业病危害因素、来源及可能导致的职业病

编号	职业病危害因素	职业病危害因素来源	职业病
1	粉尘（化学因素）	采石（矿）、铸造、焊接、喷塑、抛光、喷砂、烧锅炉、水泥制造、铝熔铸	尘肺
2	苯、甲苯、二甲苯（化学因素）	油漆制造、喷（涂、浸、刷）漆、涂料	苯（甲苯、二甲苯）急慢性中毒

续表

编号	职业病危害因素	职业病危害因素来源	职业病
3	刺激性酸（化学因素）	氢氟酸、硫酸、盐酸	化学性灼伤，急慢性中毒
4	紫外线（物理因素）	焊接	电光性炎症
5	氰化物（化学因素）	电镀	氰化物中毒
6	铅及其化合物（化学因素）	铅熔铸、蓄电池	铅及其化合物中毒
7	其他重金属（汞、锰、镉）（化学因素）	电镀、金属冶炼	各类重金属中毒
8	噪声（物理因素）	金属锻压、金属切割、冲压	噪声聋
9	高温（物理因素）	烧锅炉、熔铸	中暑
10	放射性物质（物理因素）	X射线同位素使用岗位	各类职业性放射性疾病

1）工业毒物的危害及防治措施

一般来说，凡对人体产生有害作用的物质均称为毒物。在工业生产中使用和产生的毒物称为工业毒物。毒物在一定条件下作用于机体，与细胞成分产生生物化学作用或物理变化，扰乱或破坏机体的正常功能，引起机体功能性或器官性改变，导致暂时性或永久性病理损害，甚至危及生命。工业毒物亦称生产性毒物。工业毒物对人体的危害，如刺激、过敏、窒息、麻醉和昏迷、中毒、致癌、致畸、致突变等。

常见工业毒物对人体的危害见表2-15。

表2-15 常见工业毒物对人体的危害

常见工业毒物		对人体的危害
金属及类金属毒物	铅（Pb）：银灰色重金属	长期接触可导致恶心、呕吐、便秘、脐绞痛和触痛、贫血、肢体麻木、伸肌麻痹、震颤、头痛、关节痛、神经衰弱、精神抑郁、精神错乱、肝炎、血尿、孕妇流产等
	铬（Cr）：银白色有光泽金属	经误食、吸入或皮肤吸收后，会引起鼻炎、鼻出血、眼结膜炎、接触性皮炎、溃疡、肺癌、喉炎、支气管炎、厌食等
有机溶剂—苯：无色透明具芳香的易挥发性液体		主要由呼吸道吸入，也可由皮肤少量吸入。急性苯中毒主要表现为神情恍惚、兴奋、步态不稳、头晕、头痛、恶心、呕吐，严重时可出现昏迷、抽搐，极严重者可因呼吸中枢麻痹而死亡。慢性苯中毒主要表现为头晕、头痛、乏力、失眠、多梦、健忘等
窒息性和刺激性气体	一氧化碳（CO）：无色、无臭、无味、无刺激性气体	被人体吸入后经肺进入血液，与血液中的血红蛋白很快形成碳氧血红蛋白，使血红蛋白丧失运氧能力，以致全身组织特别是中枢神经系统严重缺氧而引起中毒
	二氧化氮（NO_2）：红棕色刺鼻气体	急性吸入可导致急性肺水肿、化学性肺炎、化学性支气管炎等，潜伏期可达48 h。长期接触有上呼吸道刺激、过敏及心动过速症状

金属毒物对人体的危害图例如图2-7所示。

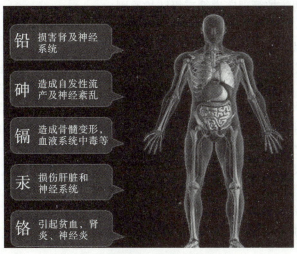

图2-7 金属毒物对人体的危害图例

2）综合防毒措施

通过改革生产工艺和采取通风净化等技术手段，消除和减少毒物对职工的危害。在因生产技术条件限制还不能完全消除毒物散发的情况下，在工作中恰当使用个人防护措施是防止毒物对人体侵害的一种重要手段，必要时可根据毒物的性质在暴露的皮肤上涂布防护油膏等。在作业条件恶劣、毒物浓度大，抢修设备和抢救人员时应使用过滤式防毒面罩或口罩、氧气呼吸器等，采取呼吸防护措施。定期对接触毒物的职工进行健康检查，了解毒物中毒的机理，及时采取有效的防护措施。

（1）粉尘的危害及防治措施。

粉尘是较长时间悬浮在空气中的固体微粒。在生产劳动和其他职业活动中形成的粉尘，按照理化性质分为无机粉尘、有机粉尘和混合性粉尘。长期吸入含游离二氧化硅的无机粉尘可引起以肺纤维化为特征的尘肺病，该病为国家法定职业病。有机粉尘常引起变态反应性哮喘和肺泡炎、慢性阻塞性肺病。作业场所产生的粉尘多是混合性的，常引起不同程度的尘肺病。职业禁忌证为活动性结核病、慢性呼吸系统疾病、明显影响肺功能的疾病。

尘肺病图例如图2-8所示。

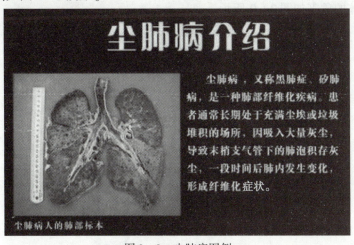

图2-8 尘肺病图例

粉尘作业的劳动防护管理应遵循三级防护原则。

①一级预防。

一级预防包括以下方面。

综合防尘，即改革生产工艺、生产设备，尽量将手工操作变为机械化、自动化和密闭化、遥控化操作；尽可能采用不含或含游离二氧化硅低的材料代替含游离二氧化硅高的材料；在工艺要求许可的条件下，尽可能采用湿法作业；使用个人防尘用品，做好个人防护。

定期检测，即对作业环境的粉尘浓度实施定期检测，使作业环境的粉尘浓度在国家标准规定的允许范围之内。

健康体检，即根据国家有关规定，对职工进行就业前的健康体检，对患有职业禁忌证者、未成年人、女职工，不得安排其从事禁忌范围内的工作。

宣传教育，即普及防尘的基本知识。

加强维护，即对除尘系统加强维护和管理，使除尘系统处于完好、有效状态。

②二级预防。

二级预防包括建立专人负责的防尘机构，制定防尘规划和各项规章制度；对新从事粉尘作业的职工，必须进行健康检查；对在职的从事粉尘作业的职工，必须定期进行健康检查，发现不宜继续从事相关工作的职工，要及时调离。

③三级预防。

三级预防对已确诊为尘肺病的职工，应及时调离原工作岗位，安排合理的治疗或疗养，患者的社会保险待遇应按国家有关规定办理。

（2）噪声的危害性质及防治措施。

在工业生产中，机械的转动、撞击、摩擦、气流的排放、运输车辆的运行等都会产生噪声。长期在噪声污染的环境下工作，早期会出现听力下降或听阈升高，产生听觉疲劳。在听觉疲劳发生的基础上，继续长期地接触强噪声，听力损失不能完全恢复。这是由于内耳感音器官受噪声的作用，由功能性改变发展为器质性退行性病变，即职业性噪声聋。

噪声对人体的影响是多方面的，主要是对听觉系统的影响。噪声聋属于慢性过程，患者初期除主观感觉耳鸣外，无耳聋感觉，交谈及社会活动能正常进行。随着病程的进一步发展，当听力损失到语言频段且达到一定程度时，患者主观感觉语言听力出现障碍，表现出生活交谈中的耳聋现象，即所谓的噪声聋。

噪声对人体的危害如图2-9所示。

图2-9 噪声对人体的危害

防止噪声危害的措施有以下几种。

①执行工业企业噪声卫生标准。我国1980年公布的《工业企业噪声卫生标准》（试行草案）。规定工作场地的噪声容许标准为85 dB（A），对接触不足8 h的工作，噪声标准可相应放宽，即接触时间减半容许放宽3 dB（A），但无论时间多短，噪声强度最大不得超过115 dB（A）。

②控制和消除噪声源，这是防止噪声危害的根本措施。进行工艺改革，以无声或少声工具代替噪声工具，如用液压机代替锻压机、用焊接代替铆接等。

③在不影响操作的前提下，用隔音、减振、消声、吸音等措施减弱噪声强度。同时合理规划工区布置，使噪声源远离其他作业区，或修造隔音墙，建筑物内墙选用吸音材料等。

④个人防护。在作业环境噪声强度比较高或在特殊噪声条件下，工作人员戴耳塞或耳罩，往往可取得较好的效果。

⑤定期对接触噪声的工作人员进行健康检查，特别是听力检查，观察听力变化情况，以便及早发现听力损伤，及时采取有效的防护措施。

⑥合理安排劳动和休息时间。

（3）电磁辐射的危害及防治措施。

电磁波是一种物质存在形式，任何带电体周围都存在电场，周期变化的电场会产生周期变化的磁场，电场和磁场的交互变化产生电磁波，电磁波向空中发射或泄漏的现象叫电磁辐射。过量的电磁辐射造成了电磁污染。一些发射设备、微波设备、家用电器、现代办公设备、高压输配电系统等，都有可能造成电磁污染。电磁波按频率分为：长波、中波、短波、超短波和微波。电磁辐射分为非电离辐射和电离辐射。非电离辐射包括射频辐射、工频辐射、紫外线辐射和红外线辐射。

电磁辐射对人体的危害如图2-10所示。

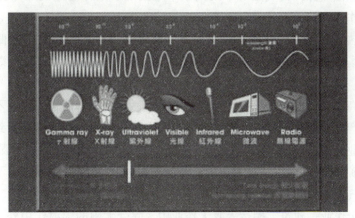

图2-10　电磁辐射对人体的危害

电磁辐射对人体健康有以下两种形式的危害。

①射频辐射。射频辐射包括高频电磁场和微波。射频辐射对人体健康的影响是多方面的，对人体多个系统均有损害作用。其可引起头痛、嗜睡、记忆力下降、易激动、多汗、脱发、神经衰弱症等神经紧张反应，出现心悸、心前区疼痛或压迫感，血压下降现象；对外周血象的影响表现为白细胞数不稳定，呈下降倾向；消化系统症状表现为食欲不振、恶

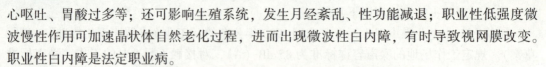

心呕吐、胃酸过多等；还可影响生殖系统，发生月经紊乱、性功能减退；职业性低强度微波慢性作用可加速晶状体自然老化过程，进而出现微波性白内障，有时导致视网膜改变。职业性白内障是法定职业病。

②紫外线辐射。物体温度达 1 200 ℃以上时，辐射光谱中可出现紫外线。随着温度升高，紫外线波长变短，强度增大。电焊过程中可产生紫外线辐射。强烈的紫外线辐射对人体产生影响，引起红斑、色素沉着，皮肤皱缩、老化，严重的甚至可诱发皮肤癌。紫外线被角膜和结膜上皮所吸收，引起急性角膜结膜炎、电光性眼炎；被晶体吸收，可致白内障。

职业性角膜结膜炎、职业性电光性眼炎和职业性白内障均为法定职业病。

对于以上危害，可以采取一些防护措施。屏蔽、吸收、远距离操作和个人防护等是防止电磁辐射的有效措施。电磁屏蔽是抑制电磁辐射的根本方法，它利用电磁能在屏蔽金属中产生涡流而起到屏蔽作用，通过屏蔽金属板对电磁的吸收、反射等作用造成电磁能的损耗，从而极大地减少电磁辐射。电磁吸收也是行之有效的防护措施，吸收材料对电磁波吸收多而反射及散射却极小，通过吸收材料对射频能量的吸收作用，使电磁波能量得到衰减，而达到防护的目的。由于电磁场强度在近区场内与距离平方成反比，所以加大场源与人群的距离，也可以起到一定的防护作用。对于微波作业人员还要采取必要的个体防护措施，主要包括金属衣、头盔和防护眼镜等。

（4）高温作业的危害及防治措施。

高温作业的类型。由于高温车间内存在多种热源，或由于夏季露天作业受太阳热辐射的影响，常可产生高温或高温高湿或高温伴强热辐射等特殊气象条件。在这种环境下进行生产劳动，通称为高温作业。我国制定的高温作业分级标准规定：工业企业和服务行业工作地点具有生产性热源，其气温等于或高于本地区夏季室外通风设计计算温度 2 ℃的作业，列为高温作业，其通常分为三种类型。

①高温强热辐射作业。其特点是气温高，热辐射强度大，相对湿度低，形成干热环境，这类作业场所都有强烈的辐射热源，室内外气温差可达 10 ℃以上，以对流热和辐射热作用于人体。

②高温、高湿作业。这种场所的特点是气温高、湿度大，而辐射强度不大，主要是由于生产过程中产生大量水蒸气或生产上要求车间内保持较高的相对湿度所致，如印染、缫丝、造纸等工业中的液体加热或蒸煮时，车间气温可达 35 ℃以上，相对湿度常高达 90% 以上。潮湿的矿井内气温可达 30 ℃以上，相对湿度达 95% 以上，如通风不良就会形成高温、高湿和低气流的气象条件，即湿热环境。

③夏季露天作业。建筑、搬运等露天作业中，除受太阳的辐射作用外，还接受被加热的地面和周围物体放出的辐射线。露天作业中的热辐射强度较低，但其作业的持续时间较长，加之中午前后气温升高，形成高温、热辐射的作业环境。

在高温环境下作业，人体从高温环境接受对流与辐射热量，加上劳动和高温环境增加的代谢产热量，远远超过人体的散热量。若这个恶性循环过程不断发展，人体通过一系列的体温调节还是不能维持机体的热平衡时，就造成机体过度蓄热。同时，由于大量出汗导致脱水、失盐，从而发生中暑。

预防高温作业对人体的危害如图 2 - 11 所示。

来，休息一下，喝点含盐饮料，高温作业要注意补充水分、盐分、维生素，避免中暑。

图 2 - 11　预防高温作业对人体的危害

预防高温作业对人体的危害可采取以下几种措施。

①合理布置热源，把热源放在车间外面或远离工人操作的地点，采用热压为主的自然通风，应布置在天窗下面；采用穿堂风通风的厂房，应布置在主导风向的下风侧。

②隔热，这是减少热辐射的一种简便有效的方法。

③加强通风换气，加速空气对流，降低环境温度，以利于机体热量的散发。

④加强个人防护，合理组织生产，如穿白色、透气性好、导热系数小的帆布工作服；同时调整工作时间，尽可能避开中午酷热，延长午休时间。加强个人保健，供给足够的含盐清凉饮料。

⑤中暑病人的处理。发现中暑病人后，首先应使患者脱离高温作业环境，到通风良好的阴凉地方休息，解开衣服，给予含盐的清凉饮料。必要时，可进行刮痧疗法或针刺合谷、曲池、委中、百会、人中等穴。如有头昏、恶心、呕吐或腹泻，可服藿香正气水（丸）；如呼吸、循环衰竭时，立即送医院处理。

（5）振动的危害及防治措施。

物体在外力作用下沿直线或弧线以中心位置（平衡位置）为基准的往复运动，称为机械运动，简称振动。物体离中心位置的最大距离为振幅。单位时间内振动的次数称为频率，它是评价振动对人体健康影响的常用基本参数。振动对人体的影响分为全身振动和局部振动。全身振动是由振动源（振动机械、车辆、活动的工作平台）通过身体的支持部分（足部和臀部），将振动沿下肢或躯干传至全身。局部振动是振动通过振动工具、振动机械或振动工件传向操作者的手和臂。全身振动的频率范围在 1 ~ 20 Hz，局部振动的频率范围在 20 ~ 1 000 Hz。上述划分是相对的，在一定频率范围（如 100 Hz 以下）既有局部振动作用又有全身振动作用。

全身振动对人体有较严重的不良影响。振动所产生的能量，通过支承面作用于坐位或立位操作者的身上，引起一系列病变。人体是一个弹性体，各器官都有它的固有频率，当外来振动的频率与人体某器官的固有频率一致时，会引起共振，因而对那个器官的影响也最大。全身受振的共振频率为 3 ~ 14 Hz，在该种条件下全身受振作用最强。

职业病危害告知卡（全身振动）如图 2 - 12 所示。

职 业 病 危 害 告 知 卡

作业岗位可能对人体产生危害,请注意防护,确保健康

	健康危害	卫生限值		
全身振动	全身振动常引起足部周围神经和血管变化,出现足痛、易疲劳、腿部肌肉触痛。常引起脸色苍白、出冷汗、恶心、呕吐、头痛、头晕、食欲不振、胃机能障碍、肠蠕动不正常等	工作日接触时间(t)/h	卫生限值/(m/s²)	
		$4 < t \leqslant 8$	0.62	
		$2.5 < t \leqslant 4$	1.10	
		$1.0 < t \leqslant 2.5$	1.40	
		$0.5 < t \leqslant 1.0$	2.40	
		$t \leqslant 0.5$	3.60	

应急处置

发现身体状况异常时,要及时去医院进行检查治疗。

注意防护

在有可能产生较大振动的设备周围设置隔离地沟,衬以橡胶、软木等减振材料,以确保振动不能外传。对振动源采取减振措施,如用弹簧等减振阻尼器,减少振动的传递距离;运输工具的座椅加泡沫垫,以减弱运行中由于各种原因传来的振动。另外,利用尼龙机件代替金属机件,可减低机器的振动;及时检修机器,可以防止因零件松动引起的振动,消除机器运行中的空气流和涡流等均可收到一定的减振效果。

急救电话:120   火警电话:119

图 2 - 12   职业病危害告知卡(全身振动)

接触强烈的全身振动可能导致内脏器官的损伤或位移,周围神经和血管功能的改变,可造成各种类型的、组织的、生物化学的改变,导致组织营养不良,如足部疼痛、下肢疲劳、足背脉搏减弱、皮肤温度降低;女性可发生子宫下垂、自然流产及异常分娩率增加。男性可发生性机能下降、气体代谢增加。振动加速度还可使人出现前庭功能障碍,导致内耳调节平衡功能失调,出现脸色苍白、恶心、呕吐、出冷汗、头疼头晕、呼吸浅表、心率和血压降低等症状。晕动症(晕机、晕车、晕船)即属全身振动性疾病。全身振动还可造成腰椎损伤等运动系统损伤。

局部振动对人体的不良影响。局部接触强烈振动主要是以手接触振动工具的方式为主的,由于工作状态的不同,振动可传给一侧或双侧手臂,有时可传到肩部。长期持续使用振动工具能引起末梢循环、末梢神经和骨关节肌肉运动系统的障碍,严重时可患局部振动病。

①神经系统。局部振动病以上肢末梢神经的感觉和运动功能障碍为主,皮肤感觉、痛觉、触觉、温度感知功能下降,血压及心率不稳,脑电图有改变。

②心血管系统。局部振动可引起周围毛细血管形态及张力改变,上肢大血管紧张度升高,心率过缓,心电图有改变。

③肌肉系统。局部振动病表现为握力下降,肌肉萎缩、疼痛等。

④骨组织。局部振动引起骨和关节改变,出现骨质增生、骨质疏松等。

⑤听觉器官。局部振动病表现为低频率段听力下降,如与噪声结合,则可加重对听觉器官的损害。

⑥其他。局部振动可引起食欲不振、胃痛、性机能低下、妇女流产等。

振动病。振动病主要是由于局部肢体(主要是手)长期接触强烈振动而引起的。长期接受低频、大振幅的振动,由于振动加速度的作用,可使自主神经功能紊乱,引起皮肤与外周血管循环机能改变,久而久之,可出现一系列病理改变。早期可出现肢端感觉异常、振动感觉减退。手部症状为手麻、手疼、手胀、手凉、手掌多汗、手疼（多在夜间发生）；其次为手僵、手颤、手无力（多在工作后发生），手指遇冷即出现缺血发白，严重时血管痉挛明显。X 光片可见骨及关节改变。如果下肢接触振动，以上症状出现在下肢。

振动病已列为国家法定职业病。

防止振动危害的措施如下。

①改革工艺设备和方法，以达到减震的目的。从生产工艺上控制或消除振动源是控制振动的最根本措施。

②采取自动化、半自动化控制装置，减少接触振动。

③改进振动设备与工具，降低振动强度，或减少手持振动工具的重量，以减轻肌肉负荷和静力紧张等。

④革新风动工具，改变排风口方向。

⑤对地板及设备地基采取隔振措施（如使用橡胶减振层、软木减振层、玻璃纤维毡减振层、复合式隔振装置）。

⑥合理发放个人防护用品，如防振保暖手套等。

⑦控制车间及作业地点温度，使其保持在 16 ℃以上。

⑧建立合理的劳动制度，坚持工间休息及定期轮换工作制度，以利于各器官系统功能的恢复。

⑨加强技术训练，减少作业中的静力作业成分。

三、城市轨道交通运营中存在的职业病因素及其防治办法

城市轨道交通运营生产岗位主要存在的职业病危害因素见表 2 – 16。

表 2 – 16　城市轨道交通运营生产岗位主要存在的职业病危害因素

岗位	主要职业危害因素
车辆检修岗位	粉尘、噪声、化学毒物（苯系物）、射频辐射
车辆维修设备岗位	粉尘、噪声
工建维修岗位	粉尘、噪声
通号维修岗位	工频电磁场
机电维修岗位	噪声、工频电磁辐射
自动化维修岗位	噪声、工频电磁辐射、油漆
供电维修岗位	粉尘、噪声、工频电磁辐射
中心站、一般车站岗位	射频辐射、工频辐射
乘务岗位	粉尘、噪声、工频电磁辐射、射频辐射
调度中心岗位	工频电磁辐射

1. 粉尘危害的控制

在工作过程中必须进行必要的个人防护，工作后及时冲洗。对于接触粉尘作业的人员按照国家有关规定安排职业性健康检查，以便及早发现肺部病变。

2. 噪声危害的控制

个别工作场所噪声强度有超标现象，对于接触噪声危害因素的作业人员，在工作过程中必须进行必要的个人防护（如佩戴耳塞等），按国家有关规定定期安排职业健康检查。

3. 电磁辐射危害的控制

工人进行电焊作业时应严格按操作规程进行作业，使用防护眼罩，防止紫外线辐射对眼睛的伤害。车站人员使用符合射频辐射标准的对讲机，则对工作人员可能造成的危害程度较小。工作时尽量缩短接触电磁辐射的时间，也可降低其对人体的危害。

在设备投入使用后，经过检测各工作场所的工频电场强度符合职业卫生接触限值。对于接触电磁辐射的作业人员，按国家有关规定定期安排职业健康检查。

 学习思考

按来源，职业性危害因素可以分为哪三类？
职业性危害因素的防治措施有哪些？
城市轨道交通运营生产岗位主要存在的职业病危害因素有哪些？

 评价表

根据以上学习内容，评价自己对相关知识与技能的掌握程度，在相应空格打"√"。

评价内容	差	合格	良好	优秀
职业性危害因素类型				
职业性危害因素的防治措施				
城市轨道交通运营生产岗位主要存在的职业病危害因素				

    模 块 评 价

根据以上学习内容，评价自己对本模块内容的掌握程度，在相应空格打"√"。

评价内容	差	合格	良好	优秀
对危险源的辨识程度				
对职业病和职业危害因素的掌握程度				
对安全标志和安全色的定义、作用、类型的掌握程度				
学习中存在的问题或感悟				

模 块 训 练

训练目的：能针对特定危险源制定控制措施，熟知安全标志和安全色，并在事故或意外发生时，按图示保护自己。

训练方法：观看视频、自己动手制作安全标志。

模 块 小 结

建立城市轨道交通运营危险源查找、识别、分析、评价和管控系统，消除影响城市轨道交通运营安全的各个危险源带来的不确定性，是城市轨道交通运营安全的有力保障。本模块阐述了危险源的识别和控制，职业病的危害因素和种类，安全标志和安全色的定义、作用和类型，对于防止城市轨道交通事故的发生，改善运营的安全状况，降低事故损失都具有十分重要的意义。

模 块 自 测

1. 安全标志的类型有哪些？分别包含多少种？

2. 安全标志有什么作用？

3. 常见的城市轨道交通危险源有哪些？应该如何控制？

4. 城市轨道交通运营中存在哪些职业病因素？其防治方法是什么？

5. 安全色与对比色有什么区别？

模块三

城市轨道交通行车安全管理

 情境导入

在学习城市轨道交通专业之前，小明就觉得行车工作是城市轨道交通运营系统的主要工作，大部分不安全现象应该都是发生在行车过程中的，例如行车调度工作、接发列车的工作就很容易发生事故，但是，列车调度、接发列车具体要做哪些工作？不安全的因素又是哪些？列车驾驶员或其他岗位的工作人员要如何预防和处理事故？这些他都不清楚。

 学习目标

1. 重点掌握行车安全、行车事故的含义及行车事故的分类知识
2. 重点掌握行车事故的报告程序和处理方法
3. 重点掌握行车调度安全的基本任务和要求
4. 重点掌握车站作业安全的基本任务和要求
5. 掌握列车驾驶安全的基本规定和作业安全准则
6. 掌握接发列车、调车作业安全基本要求
7. 了解接发列车安全的基本知识、惯性事故的种类
8. 了解行车安全的意义、影响列车驾驶安全的主要因素

知识点一　行车安全管理概述

对于城市轨道交通运营而言，行车安全不仅是运营生产的基本要求，而且它的质量也是衡量城市轨道交通管理水平的重要指标。由于城市轨道交通行车安全涉及人民生命财产和国家财产的安危，并涉及社会稳定和企业形象，因此，确保行车安全成为城市轨道交通运营安全工作的重中之重。

一、基本概念

1. 行车安全

行车安全一般是指城市轨道交通列车在运送乘客的过程中对行车人员、行车设备及乘客产生作用和影响的安全情况。行车安全工作包括：行车调度安全、车站作业安全、列车驾驶安全、调车作业安全等。

2. 行车事故

凡在行车工作中，因违反规章制度、违反劳动纪律或因技术设备不良及其他原因造成人员伤亡、设备损坏、影响正常行车或非机行车安全的，均构成行车事故。

行车事故现场如图 3 – 1 所示。

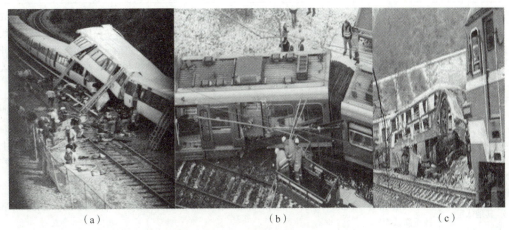

|（a）|（b）|（c）|

图 3 – 1　行车事故现场

二、行车事故的分类

目前，我国城市轨道交通系统没有统一的行车事故分类标准。本书借鉴铁路行车事故的分类标准，以部分城市轨道交通系统为例，按事故的性质、损失及对行车造成的影响，将行车事故分为重大事故、大事故、险性事故、一般事故。

城市轨道交通行车事故分类标准见表 3 – 1。

表 3 – 1　城市轨道交通行车事故分类标准

事故等级	具体情况
1. 重大事故	（1）客车发生冲突、脱轨、火灾或爆炸，造成下列后果之一时：①人员死亡 3 人或死亡、重伤 5 人及 5 人以上者；②客车中破一辆；③中断正线（上、下行正线之一）行车 180 分钟及 180 分钟以上者
	（2）其他列车发生冲突、脱轨、火灾或爆炸，造成下列后果之一时：①人员死亡 3 人或死亡、重伤 5 人及 5 人以上者；②机车大破一辆或轨道车报废一辆；③中断正线（上、下行正线之一）行车 180 分钟及 180 分钟以上者
	（3）调车作业（包括整备作业）发生冲突、脱轨，造成上述（1）、（2）款各项后果之一时
	（4）城市轨道交通技术设备、其他临时设备破损或工程车货物装载不良，致使城市轨道交通技术设备破损，造成上述（1）、（2）款各项后果之一时

事故等级	具体情况
2. 大事故	（1）客车发生冲突、脱轨、火灾或爆炸，造成下列后果之一时：①人员死亡 1 人或重伤 2 人及 2 人以上者；②客车小破一辆；③中断正线（上、下行正线之一）行车 120 分钟及 120 分钟以上者
	（2）其他列车发生冲突、脱轨、火灾或爆炸，造成下列后果之一时：①人员死亡 1 人或重伤 2 人及 2 人以上者；②内燃机车中破一辆或轨道车大破一辆；③中断正线（上、下行正线之一）行车 120 分钟及 120 分钟以上者
	（3）调车作业（包括整备作业）发生冲突、脱轨，造成（1）、（2）款各项后果之一时
	（4）城市轨道交通技术设备、其他临时设备破损或工程车货物装载不良，致使城市轨道交通技术设备破损，造成（1）、（2）款各项后果之一时
3. 险性事故	凡事故性质严重，但未造成损害或损害后果不构成重大事故、大事故的为险性事故。险性事故包括列车冲突。列车脱轨、列车分离、向占用区间发出列车、未准备好进路接发列车、向占用线接入列车、客车错开车门、运行途中开门、车未停稳开门、列车冒进信号或越过警冲标、列车开错方向或进错股道、客车夹人开车、在实行站间行车时，未办或错办手续发车、隧道内设备侵入机车车辆限界、机车车辆溜入区间或站内、应停列车在站通过、未拿或错拿行车凭证等
4. 一般事故	凡事故的性质及损害后果不构成重大事故、大事故及险性事故的为一般事故。一般事故包括调车冲突、调车脱轨、挤岔、错办或未办理接发列车进路致使列车停车，应通过列车在站停车，列车运行中，车辆部件脱落或施工列车装载不良，致使技术设备被刮坏，因车辆故障或其他原因中断正线（上下行正线之一）行车 30 分钟及 30 分钟以上者，因行车有关人员违反劳动纪律漏乘、出乘迟延，错误办理行车凭证耽误列车，漏发、漏传、错发、错传调度命令耽误列车运行
5. 其他认定	因其他原因严重危及行车安全，城市轨道交通安全机构认为有必要时可定为事故，也有权对事故重新认定

三、行车事故的管理原则

为减少行车事故的发生，做到防患于未然，应加强安全生产管理。行车事故处理原则见表 3 – 2。

表 3 – 2　行车事故处理原则

序号	原则
1	以"安全第一，预防为主"为安全生产方针，各级领导要把安全工作当作首要任务去抓，加强安全管理和安全思想教育，强化员工安全意识；严肃劳动纪律和作业纪律，教育员工自觉执行各项规章制度
2	做好员工技术培训，提高技术业务水平，加强安全检查，及时消除各类隐患。搞好设备维修保养，提高设备质量；深入开展增产节约运动和安全正点、优质服务的竞赛活动，确保城市轨道交通安全运营
3	要积极采取措施，迅速救援，尽量减少损失，尽快恢复运营
4	事故发生后，要按照"四不放过"的原则处理事故，找出原因，分清责任，吸取教训，制定措施，防止同类事故再次发生
5	事故发生后，要按照"四不放过"的原则处理事故，找出原因，分清责任，吸取教训，制定措施，防止同类事故再次发生
6	对事故责任者，应根据事故性质和情节分别给予严肃的批评教育、经济处罚，甚至纪律处分、法律制裁。对于性质严重的事故要逐级追究领导责任

序号	原则
7	对事故分析处理拖延、推脱责任、姑息纵容、隐瞒不报或不如实反映事故情况的，应予以严肃批评教育和纪律处分

 知识链接

四不放过
国家要求发生事故后遵守"四不放过"的处理原则，其具体内容如下。 （1）事故原因未查清不放过。 （2）责任人员未处理不放过。 （3）责任人和群众未受教育不放过。 （4）整改措施未落实不放过。

四、行车事故的报告及调查处理

1. 行车事故报告程序

行车事故报告程序见表3－3。

表3－3　行车事故报告程序

报告原则	1. 事故在区间发生时，由司机立即报告行车调度
	2. 由车站值班站长或车辆段调度员报告行车调度
	3. 火灾、爆炸、毒气袭击等事故，需要报告119火警、120急救中心或公安部门时，由值班站长、事故现场人员或目击者在第一时间内报告
	4. 如果没有电话设备无法直接报告（如列车司机），相关人员应立即报告控制中心，由控制中心报告119火警、120急救中心或公安部门
报告事项	1. 时间（月、日、时、分）
	2. 地点（区间、百米标和上、下行正线）
	3. 列车车次、车组号、相关人员姓名、职务
	4. 事故概况及原因
	5. 人员伤亡情况及车辆、线路等城市轨道交通设备损坏情况
	6. 是否需要救援
	7. 是否影响邻线运行
	8. 其他必须说明的内容及要求
行车调度接到事故报告后应做的工作	1. 设法防止事故扩大，积极组织救援，同时维持最大限度的运营
	2. 立即报告控制中心值班主任
	3. 按照"先通后复"的原则组织指挥事故处理
	4. 及时填写"行车事故概况"，报相关部门

2. 调查处理方式

1）重大事故、大事故调查和处理程序

重大事故、大事故调查和处理程序如图3-2所示。

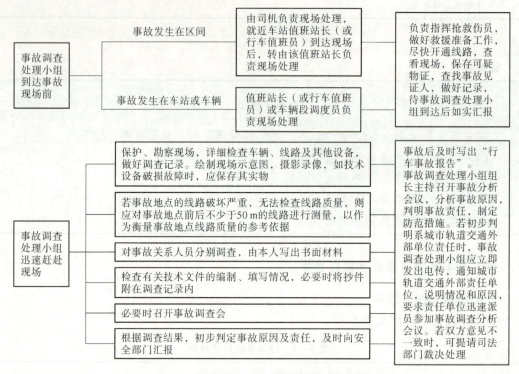

图3-2　重大事故、大事故调查和处理程序

2）险性事故、一般事故调查和处理程序

险性事故、一般事故发生后，事故处理人员到达事故现场前，若事故发生在区间，由司机负责，当就近车站值班站长到达现场后，由该值班站长负责。若事故发生在车站或车辆段，由值班站长或车辆段调度员负责。接到运营控制中心（或车辆段控制中心）报告赶赴现场后，主要设备部门负责人负责指挥抢险，相关部门人员配合。

发生险性事故，由安全监察室负责人组织有关人员进行调查。发生一般事故，各部门要立即进行调查。召开事故分析会，查明原因及责任者，做出处理建议，制定防范措施。

 学习思考

将事故进行等级划分有什么作用？

评价表

根据以上学习内容，评价自己对相关知识与技能的掌握程度，在相应空格打"√"。

评价内容	差	合格	良好	优秀
根据行车事故情况，辨别事故等级				
重大事故、大事故调查和处理程序				
险性事故、一般事故发生后，事故处理人员到达事故现场前和到达后的处理				
学习中存在的问题或感悟				

知识点二　行车调度安全

　　行车调度工作是城市轨道交通系统的核心，担负着指挥列车运行、贯彻安全生产、实现列车运行图、完成运输计划的重要任务。行车调度人员是列车运行的统一指挥者，负责监控或操纵列车运行控制设备，掌握列车运行、到发情况，发布调度命令，检查各站、段执行和完成行车计划情况等工作，在保证行车安全的大系统中具有重要的地位和作用。

　　城市轨道交通的行车调度工作由调度控制中心实施，实行高度统一指挥，以使各个环节紧密配合，协调工作，保证列车安全、正点运行。

　　行车调度工作场景如图 3-3 所示。

图 3-3　行车调度工作场景

一、行车调度安全指挥工作的基本任务及要求

　　调度指挥必须坚持安全原则，正确及时地指挥列车运行，防止因指挥不当造成事故隐患。遇突发紧急事件时，要冷静、正确、及时处理。

1. 行车调度工作的基本任务

行车调度工作的基本任务见表3-4。

表3-4　行车调度工作的基本任务

序号	行车调度工作的基本任务
1	组织指挥各部门、各工种严格按照列车运行图工作
2	监控列车到达、出发及途中运行情况，确保列车运行秩序的正常
3	当列车运行秩序不正常时，及时采取措施，尽快恢复正常运行秩序
4	及时、准确地处理行车异常情况，防止行车事故的发生，并随时掌握客流情况，及时调整列车运行方案
5	检查、监督各行车部门执行运行图的情况，发布调度命令
6	当发生行车事故时，按规定程序及时向上级主管部门汇报，并采取措施防止事故扩大，积极参与组织救援工作

2. 行车调度工作的基本要求

行车调度工作的基本要求见表3-5。

表3-5　行车调度工作的基本要求

基本要求	具体描述
单一指挥	城市轨道交通行车组织工作必须严格执行单一指挥的原则。一般地，城市轨道交通企业规定凡指挥列车运行的命令和口头指示，只能由行车调度员发布。行车各有关部门必须服从所在区段行车调度员的集中统一指挥，各级领导对列车运行的指示必须通过行车调度员下达，坚决禁止令出多口或多头指挥，维护调度命令的严肃性和权威性。有关行车人员必须执行行车调度员的命令和指示，不得违反
行车调度员要具备较高的业务水平和应急处理能力	熟练掌握调度工作技能是做好安全指挥工作的基础。行车调度员必须熟悉主要行车人员情况，掌握车辆、线路、设备等方面的知识，熟知各项规章制度和各种行车作业的程序，掌握与其他调度工种的工作衔接，掌握处理各种行车意外情况和行车事故的方法（概括起来为"人、车、天、地、电、设备、规章"几大要素）。做到进行调度指挥时胸有成竹、沉着冷静
发布调度命令要正确、完整、清晰	调度命令是城市轨道交通运输工作实行集中领导、统一指挥的具体体现和保证之一。具体有以下要求：第一，凡是指挥列车运行的命令和口头指示，只能由行车调度员发布，有关行车人员必须坚决执行，不得违反；第二，发布调度命令前应详细了解现场情况，听取有关人员意见，发布调度命令时应严格按行车相关规章办理，必须先拟后发，不得边拟边发；第三，发布调度命令应按"一拟、二签、三发布、四复诵核对、五下达命令号码和时间"的程序办理；第四，制定对常用的行车调度命令格式和用语的统一规定，使调度命令发布规范化、用语标准化，调度命令内容更加准确、简练、清晰、完整；第五，发布调度命令时为确保命令的传达准确无误，行车调度应指定其中一人复诵其口头命令内容，其他人核对，确保无误，书面调度命令须填写记录

知识链接

人、车、天、地、电、设备、规章几大要素

1. 人

了解各站行车值班员及司机的基本情况，包括业务能力、工作习惯、家庭情况、个性特点等，以便于更好地组织工作。

2. 车

了解车辆结构、列车运行的基本工作原理，车辆制动系统、转向架系统等车辆主要系统常见故障处理，便于在列车运行中出现车辆故障时能胸有成竹、沉着冷静地进行合理调度，使故障的影响降到最小。

3. 天

了解天气变化，在雨、雪天防止因雨具导致站厅、站台地面潮湿而发生旅客伤亡；对于露天线路，须随时了解和掌握天气变化可能给行车工作带来的影响，以便根据不同情况采取有效的调整措施，取得计划指挥的主动权。

4. 地

地指轨道交通线路的平面、纵断面、信号机的布置、桥隧及建筑物限界等。行车调度员应熟悉列车运行过程中途经线路的曲线、坡度、信号机布置、桥隧及建筑物限界等情况。

5. 电

掌握所辖线路的牵引供电区域的划分。

6. 设备

设备主要指信号设备及环控设备、防灾报警设备、车站监控设备、售检票设备、电扶梯系统、动力照明系统、屏蔽门等设备。城市轨道交通正线一般采用计算机联锁，并装设列车自动控制系统（automatic train control, ATC）。行车调度员必须掌握计算机联锁的功能及操作，掌握列车自动控制系统的三大子系统，即 ATP（列车自动保护系统）、ATO（列车自动运行系统）、ATS（列车自动温控系统）的功能及操作。

7. 规章

行车调度应全面了解并掌握以下规章：《技术管理规程》《行车组织规则》《行车调度规则》《行车事故处理规则》《行车设备维修施工管理规则》《突发事件应急处理办法》等。

二、行车调度在行车安全工作中的作用

行车调度贯彻集中领导、统一指挥的原则，组织协调与行车有关的各部门、各单位、各工种的工作，指挥和监督行车工作的全过程，保证行车工作均衡协调、安全准确地运行。

在日常运输工作中，行车调度员负责编制日常运输工作计划，发布各种有关行车的调度命令，组织行车各部门协同动作，保证列车按列车运行图运行，实现日（班）计划规定

的各项任务；负责监督和检查行车各部门执行运输工作日常计划和规章制度的情况及列车运行情况，及时组织处理和排除各种危及或有可能危及行车安全的意外情况；遇发生行车事故而中断行车时，采取积极有效的措施，组织事故救援，迅速恢复行车，保证运输畅通。

行车调度在行车安全工作中的作用如图 3－4 所示。

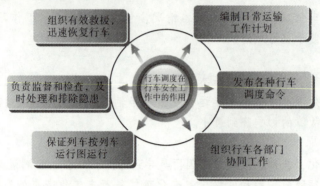

图 3－4　行车调度在行车安全工作中的作用

学习思考

本着集中领导、统一指挥的原则，在处理不同等级事故时，分别由谁负责指挥？

评价表

根据以上学习内容，评价自己对相关知识与技能的掌握程度，在相应空格打"√"。

评价内容	差	合格	良好	优秀
行车调度指挥工作的基本任务及要求				
行车调度在行车安全工作中的作用				
学习中存在的问题或感悟				

知识点三　车站行车作业安全

车站的行车组织工作是在行车调度的统一指挥下，合理运用车站的各项技术设备，负责车站行车控制指挥、施工及其他作业。车站安全工作的基本任务是建立、健全各类行车作业、管理的规章制度，这些制度包括车站行车控制室的管理制度、交接班制度、行车值班员岗位责任制等。车站安全工作的具体内容包括：对车站的行车组织工作进行规范管理，确保行车安全；进行车站各项安全检查，检查车站安全隐患并落实整改；建立各类事故预案，开展演练，以提高车站员工的应急处理能力，有效处理车站突发事件；明确职责、落实责任、加强安全管理，确保车站行车、施工、治安、消防等工作的顺利进行及车站员工、乘客人身安全和车站所辖设备运行安全。

车站行车作业场景如图3-5所示。

图3-5 车站行车作业场景

一、车站行车安全工作的基本要求

如图3-6所示，车站作业包括列车运行控制、车站的施工组织、接发列车等。

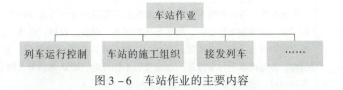

图3-6 车站作业的主要内容

车站各项作业均涉及行车安全，行车安全的具体要求如下。

车站的列车运行控制根据整个系统的列车运行控制方式的变化而变化。在调度集中控制方式下，车站行车组织的主要工作是监护行车运营状态；在自动控制方式下，车站对列车的运营状态进行监护，例如，中心控制室因故放权而由车站进行控制，则由有集中控制设备的车站负责列车的折返、进路排列等人工作业；在半自动控制方式下，车站负责列车运行控制的工作，人工操作信号设备进行接发车、调车等行车作业，并根据行车调度指令对列车运行进行调整；在非正常情况下，车站根据调度的指令，按规定的作业办法负责列车在车站的接车、发车、调车等作业。

在车站管辖范围内的任何施工均应在车站行车控制室登记，在得到行车值班员的签字确认后方可进行；对影响运营的施工检修作业，如信号设备检修、道岔检修等作业，必须得到行车调度员的同意后方可进行。

接发列车是城市轨道交通行车工作中最重要的环节之一，接发列车的作业安全直接关系城市轨道交通的行车安全，因此，所有参与接发列车的作业人员，均应以高度的工作责任感认真履行岗位职责，严格执行规章和规范，保证接发列车作业安全。

接发列车场景如图 3 – 7 所示。

（a）　　　　　　　　　　　（b）　　　　　　　　　　　（c）

图 3 – 7　接发列车场景

二、接发列车作业的基本知识

车站在办理接发列车作业时，要清楚列车车次、列车运行方向及运行指挥系统，因为这 3 方面都是行车安全保证体系中的重要因素。

1. 列车车次、运行方向及运行指挥与行车安全的关系

列车车次、运行方向及运行指挥与行车安全的关系见表 3 – 6。

表 3 – 6　列车车次、运行方向及运行指挥与行车安全的关系

行车安全的保证条件	与行车安全的关系
列车车次	列车车次具有区别列车种类、作业性质及其运行方向等重要作用，同时与行车安全密切相关。接发列车作业中，列车车次的误听、误传、误抄、误填，往往是造成行车事故的直接原因。为此，办理接发列车时，列车车次必须传准听清，复诵无误，防止误听、误传；抄写或填记行车簿册、命令及行车凭证时，要认真核对，防止误抄、误填。车次不清楚时，必须立即询问，严禁臆测行车
运行方向	列车运行方向也是保证接发车及行车安全的重要条件之一，尤其是一端有两个及两个以上列车运行方向的车站更须引起注意，在办理列车闭塞及下达接车进路命令等作业事项时，均应冠以邻站方向或线路名称，以防止列车开错方向 车站值班员在指挥及办理接发列车作业时，须认真遵守行车有关规章要求，严格执行接发列车作业规定，正确下达接发列车的有关命令，确保列车运行安全
运行指挥	行车工作必须坚持集中领导、统一指挥、逐级负责的原则。为了安全顺利地组织列车运行，列车运行的指挥工作应注意两点，即正确指挥和服从指挥。列车运行的指挥工作首先应强调其安全正确性。日常行车作业中，行车调度员错发、漏发调度命令，盲目指挥列车运行，或车站值班员错发、漏发接发列车命令，盲目指挥及错误操纵控制台等，往往是造成列车事故的重要因素。因此，在指挥列车运行工作时，行车调度员在发布命令之前，应详细了解现场情况，并听取有关人员的意见，以便正确下达指挥列车运行的调度命令和口头指示

2. 接发列车惯性事故的种类及主要原因

车站在办理接车、发车和列车通过作业程序中发生的一切行车事故称为接发列车惯性事故。

接发列车惯性事故的种类及主要原因见表 3 – 7。

表 3 – 7 接发列车惯性事故的种类及主要原因

事故类型	事故原因
向占用区间发出列车、 向占用线路接入列车、 未准备好进路就接发列车、 未办或错办闭塞就发出列车、 列车冒进信号或越过警冲标、 错误办理行车凭证发车或耽误列车	当班人员离岗、打盹或做与接发列车作业无关的事情； 办理闭塞时没有确认区间处于空闲状态； 不按规定检查、确认接发列车进路； 不认真核对行车凭证；错办或未及时办理信号； 取消、变更接发列车进路时联络不彻底

3. 接发列车作业安全要求

接发列车作业，从办理闭塞、准备进路到开放信号、交递凭证，直至列车由车站发出或通过，其间任何一个环节的漏洞都可能埋下事故隐患，任何一项作业的差错都往往危及列车安全，因此，日常办理每一趟列车的接发，均须高度重视，认真作业。

目前，国内外城市铁道交通均采用信号系统控制列车运行，监控列车运行安全。列车正常行车时，由信号系统自动控制，信号正常时车站不需要接发列车，只需由车站值班员、站台人员完成站台安全监控和乘客乘降的服务工作。只有在遇到信号系统出现故障需人工排列进路，组织列车运行或列车退回车站等特殊情况须接发列车时，才由人工进行接发列车作业。

接发列车作业安全要求见表 3 – 8。

表 3 – 8 接发列车作业安全要求

接发列车作业环节	具体安全要求
办理闭塞作业	办理列车闭塞是接发列车的首要作业环节，是列车取得区间占用权的重要环节，也是较易发生列车事故的关键环节。 （1）办理闭塞前，必须认真确认区间已空闲。车站值班员在办理闭塞时，为防止占用区同时发出列车，在确认区间空闲时必须认真做好以下工作。 ①检查确认前一列车是否完整到达。 ②通过闭塞设备确认区间空闲。 ③检查确认区间是否有列车占用。 ④检查确认区间是否封锁。 ⑤检查确认区间是否遗留车辆。 ⑥检查确认区间内设有道岔时进入正线的列车，区间道岔是否向正线开通并锁闭。 ⑦检查确认有关记录情况。 ⑧检查确认其他占用区间的情况。 （2）办理闭塞时，车次必须准确清晰。 （3）办理闭塞时，用语必须准确完整。 现场作业中，有的车站值班员承认闭塞时，仅简化回答"同意"两字而未复诵，未起到与相邻站互控、联控的作用，极易发生错办车次。为此，办理闭塞及承认闭塞时，均须完整使用行车标准用语办理相关业务

续表

接发列车作业环节	具体安全要求
准备进路作业	准备进路，泛指将列车经由车站所运行的线路安全开通。准备进路是接发列车工作中一项极为重要的作业环节，应注意以下几点。 （1）确认接车线路空闲。车站在准备列车的接车进路或通过进路时，首先必须确认接车（通过）的线路空闲，以防止线路上存有机车、车辆及其他危及列车运行安全的障碍物等。为此，车站值班员和现场作业人员必须对接车（通过）进路线路是否空闲进行检查和确认；轨道电路及控制台上设有股道占用标志的，通过控制台对股道是否被占用进行确认。 （2）确认接发车进路正确无误。接发车进路的正确与否，直接关系列车运行安全。因此，在接发列车作业中，对列车进路的确认极为重要，切不可疏忽，连锁设备正常时车站可通过信号设备的显示来确认接发车进路；遇有连锁设备停用时，对列车进路的现场检查则更须严密细致，对进路上的道岔逐个确认，确认道岔位置正确及按要求加锁后，方可报告接发车进路准备妥当。 （3）确认影响进路的其他作业已经停止
办理及交付行车凭证	行车凭证是列车占用区间的依据，包括信号机显示、路票、调度命令等。有关作业人员办理行车凭证时，必须认真严谨，注意防止因差错而造成行车事故。 （1）防误操作信号设备。信号是指示列车运行的命令。信号正常时，信号机上显示的准许列车运行的各种信号均为列车行车凭证。信号的开放和关闭至关重要。因此，车站值班员、信号员在操作信号设备时，必须全神贯注，精力集中，遵章守纪，严格坚持"眼看、手指、口呼"一致的确认操纵制度，确保信号指示准确无误。 （2）防误填写行车凭证。使用路票、调度命令等书面凭证办理行车时，应注意使用日期、区间、车次、地点、电话记录号码或调度命令号码等。书面凭证填写后，必须逐字逐项复诵，认真进行核对，经确认无误后，方可交付使用，以防止因填写错误而导致行车事故

接送列车及指示发车直接关系接发列车作业安全。在信号正常的情况下，车站原则上不办理接发列车作业，遇特殊情况须接发列车时，车站接发列车人员应严格执行接发列车作业程序，并使用规定用语。随意简化，甚至颠倒或遗漏作业程序及用语，将危及行车安全。

接发列车作业程序见表3-9。

表3-9　接发列车作业程序

接发作业程序	具体描述
确认列车整列到达	仔细确认列车整列到达
严密监视列车运行安全状态	站台岗人员随时注意站台乘客动态，当客车进站时应于站台扶梯口靠近紧急停车按钮附近站岗，防止乘客在关门时冲上车被夹伤，维护站台秩序，监督司机按规范动作关门。发车时，站台岗人员（或司机）若发现站台或屏蔽门异常，应立即用对讲机通知司机（或站台岗人员）并及时处理
指示发车	确认列车发车条件无误后，方可指示发车

 学习思考

如果错误办理了进路，应该如何及时处理？

评价表

根据以上学习内容，评价自己对相关知识与技能的掌握程度，在相应空格打"√"。

评价内容	差	合格	良好	优秀
列车车次、运行方向及运行指挥与行车安全的关系				
接发列车作业各环节——办理闭塞作业的安全要求				
接发列车作业各环节——准备进路作业的安全要求				
接发列车作业各环节——办理闭塞作业及交付行车凭证的安全要求				
学习中存在的问题或感悟				

知识点四　列车驾驶安全

列车驾驶安全是整个城市轨道交通行车安全工作的关键环节之一，是把好行车安全的最后一道关口。影响列车驾驶安全的主要因素有：行车纪律松弛、制度执行不严；司机疲劳行车、带情绪行车，业务素质不高，安全意识不强；行车技术、设备不完善；风、雪、雷、电等恶劣气候及环境的影响；安全管理制度、规章的适用性存在缺陷等。有效控制列车驾驶不安全因素，是保障行车安全的重要工作。

列车驾驶场景如图3－8所示。

图3－8　列车驾驶场景

一、列车驾驶不安全因素的控制

从安全运行管理的角度分析，行车事故是各种不安全因素相互作用的结果。因此，对行车不安全因素的控制是行车安全的重要环节。而对列车驾驶不安全因素的控制是行车安全的关键。列车驾驶不安全因素的控制方法见表3－10。

表 3 – 10　列车驾驶不安全因素的控制方法

控制方法	具体阐述
（1）加强对司机的违章行为的管理与控制	许多行车事故案例表明，人的不安全行为是造成行车安全事故的直接原因，因此，通过对列车司机的教育培训、考核、惩戒等方法，使列车司机对安全行车采取正确的态度
（2）不断做好对列车司机的技术业务培训	司机的技术知识不足特别是安全行车知识、经验的缺乏是造成行车安全事故的重要原因，通过加强安全行车知识和业务技术知识的学习，可使司机在技术和经验上得到提高，成为合格的操纵者
（3）强化和改善对行车设备的管理	许多行车事故的发生都有行车设备技术状态不良的因素，因而应不断进行相关行车设备的技术改造，使行车设备功能符合运营要求
（4）提高司机适应环境变化与处置突发事件的应变能力	由于运行环境的变化和行车中产生的突发事件难以预测，因而，提高司机在发生意外事件时的应变能力是防止与减少行车事故的重要措施 司机应在不断学习的基础上，以各类预案和规定为依据，开展定期和不定期的讲解、演练、培训，以提高应变能力

 知识链接

列车安全驾驶的基本规定见表 3 – 11。

表 3 – 11　列车安全驾驶的基本规定

基本规定	具体描述
（1）驾驶列车时做到"三严格"	列车司机必须牢记"安全第一"的宗旨，驾驶列车时做到"三严格"：一是严格遵守各种规章制度，正确执行各种作业程序，确保列车运行安全；二是严格按照运营时刻表及信号显示行车，工作时严守岗位，不得擅自离岗；三是严格遵守动车前认真确认"行车三要素"（进路、信号、道岔）的制度
（2）必须掌握设备设施情况	列车司机必须掌握列车（车辆）的基本构造、性能，熟悉城市轨道交通线路和站场等基本设施情况，包括必须明确驾驶区段、站场线路纵断面等情况
（3）必须掌握其他相关的业务知识并具有一定的应变能力	在列车的运行过程中，一般情况下只有司机一个人值乘，而运行中的突发事件有不可预测性。在事件的初期往往只有司机能够最早发现，所以一名职业素质较好的司机应该而且必须掌握有关事件初期的处理方法，使事件能够在初期阶段得到控制和处置，减小损失，稳定现场局面
（4）必须持证上岗	鉴于列车司机在整个运行过程中的重要作用，城市轨道交通管理部门规定列车司机上岗值乘的必要条件：一方面，司机必须经过考试合格，并取得列车驾驶证后方准独立驾驶列车；另一方面，脱离驾驶岗位 6 个月以上，如需再驾驶列车必须对业务知识和安全运行知识等进行再培训，并且考核合格，对其纪律性和身体状况，心理状况由相关管理部门及有关领导作出鉴定

二、列车驾驶作业安全准则

列车司机的操作应在正常情况下确保"准确"，在非正常情况下确保"安全"，所有操作均要求动作紧凑，快速正确。列车驾驶作业包括站台作业、整备作业、折返作业、调车作业等。列车驾驶作业安全准则见表 3 – 12。

表 3 – 12　列车驾驶作业安全准则

安全准则	具体阐述
（1）列车运行安全准则	列车司机在运行时必须严格按运营时刻表动车，动车前必须确认行车凭证。列车退行或推进运行时，运行前端必须有人引导；班前注意休息，班中集中精力，保持不间断瞭望。严禁在列车运行中打盹、看书或做与工作无关的事；接受调度命令或行车指示时，司机必须认真逐句复诵并领会命令内容
（2）站台作业安全准则	列车司机在开关屏蔽门、车门时，必须严格执行开关门作业程序；列车到站停稳后，应先确认列车停在规定的范围内；跨出站台开关屏蔽门、车门时，应注意列车与站台间的空隙，避免摔伤；关屏蔽门、车门前应先确认车载信号或进路防护信号开放或者具有行车凭证；动车前，司机应确认屏蔽门、车门关好，同时确认屏蔽门与车门间无人无物，方可进驾驶室
（3）整备作业安全准则	列车司机在整备作业前必须了解列车停放位置及列车状态；检查列车走行部时，必须确认列车已降下受电弓；严禁跨越地沟，进行车底检查时戴好安全帽，应注意空间位置，避免碰伤；受电弓升起后，严禁触摸电气带电部分、进行地沟检查及攀登车顶；检查列车时必须佩戴检查灯、一字旋具，并严格按要求整备列车，列车没有经过整备严禁动车；车库内动车前，必须确认地沟无人和两侧无侵限物后方可动车
（4）折返作业安全准则	列车司机在折返作业时必须严格遵守交接班制度；关门前必须确认行车凭证、道岔、进路正确；动车前确认所有人员均在安全区域
（5）调车作业安全准则	列车司机在调车作业时应遵守的安全准则包括：设置铁鞋防溜时，不拿出铁鞋不动车；凭自身动力动车时，没有制动不动车；机车、车辆制动没有缓解不动车；调车作业目的不清不动车；调车作业没有联控不动车；没有信号或信号不清不动车；道岔开通不正确不动车；侵限、侵物不动车
（6）人身安全准则	列车司机还应遵守以下有关人身安全的准则：升受电弓前，必须确认所有人员均在安全区域；严禁擅自带无关人员进入驾驶室，因工作需要有人登乘驾驶室时必须确认其相关准乘证件；在正线或出入厂线，禁止未经行车调度员同意擅自进入线路

 学习思考

怎么及时发现司机的不安全行为？

评价表

根据以上学习内容，评价自己对相关知识与技能的掌握程度，在相应空格打"√"。

评价内容	差	合格	良好	优秀
列车驾驶不安全因素的控制方法				
为了保证列车安全驾驶，列车安全驾驶的基本规定				
列车驾驶作业安全准则				
学习中存在的问题或感悟				

知识点五　调车作业安全

调车作业是指除列车在正线运行、车站（车厂）到发以外的一切机车、车辆或列车的有目的的移动。在调车作业中发生的事故称为调车作业事故。一般来说，调车作业事故分为撞、脱、挤、溜4种类型，即冲突、脱轨、挤岔、机车车辆溜逸。

一、调车作业事故的常见原因分析

调车作业事故的常见原因如图3-9所示。

图3-9　调车作业事故的常见原因

二、调车作业安全的基本要求

1. 编制和布置调车作业计划的基本要求

编制调车作业计划必须在确保安全的前提下，充分考虑调车效率，做到有调车机车名称，有编解或摘挂车次，有作业起止时间，有编制人员姓名、日期。一批作业超过3钩或变更计划超过3钩，应使用调车作业通知单。

布置调车作业计划要正确及时。调车领导人要将调车作业计划亲自传达给调车员，调车员传达给参加调车作业的司机。调车员必须确认有关人员均已了解调车作业计划后方可开始作业。

变更调车作业计划时，调车负责人必须停止调车作业，将变更内容重新传达给每一名作业人员，确认无误后方可作业。

2. 调车作业前准备工作的基本要求

认真检查线路、道岔、停留车情况：一是检查进行调车作业的线路上有无障碍物；二是检查停留车位置；三是检查防溜措施；四是检查确认道岔开通位置；五是检查"道沿"距离，检查确认无误后方可作业。

3. 调车作业指挥及各岗位作业要求

车厂调车工作由车厂调度员集中领导、统一指挥，车厂值班员负责办理接发列车、排列列车进路和调车作业进路控制，调车作业人员按相关标准和调车作业计划单执行。

车厂调度员岗位作业要求：车厂调度员应根据机车车辆（包括客车，下同）、线路、设备检修计划和现场作业情况，科学、合理地编制调车作业计划，组织调车人员安全、及时地完成调车任务。

调车员岗位作业要求：调车作业由调车员单一指挥，根据调车作业计划单，正确、准时地显示信号，指挥调车司机，并注意行车安全。

调车司机岗位作业要求：调车司机应根据调车员的准确信号、平稳地操纵机车，时刻注意确认信号，不间断进行瞭望，正确、及时地执行信号显示要求，负责调车作业安全。

车厂值班员岗位作业要求：车厂值班员根据调车作业计划单和现场作业情况、机车车辆停放股道，正确、及时地排列调车进路、开放调车信号，随时监控机车车辆运行。

4. 调车作业显示信号的基本要求

部分城市轨道交通企业在车厂内调车作业和正线工程车推进运行时已采用无线调车电台进行现场指挥，正常情况下，使用无线调车电台指挥调车作业及进行调车作业人员间的联系，但在该设备发生故障时，则改用手信号指挥调车作业，因此，调车作业人员不但要熟悉信号显示内容，还必须熟练掌握显示方法。显示信号时，应严肃认真，做到位置适当，正确及时，横平竖直，灯正圈圆，角度准确，段落清晰。第一，正确选择显示信号的位置。调车员应站在既易于瞭望、能确认前方进路，又能使司机看见信号的位置上显示信号。第二，正确显示连挂信号。在推进车辆连挂作业时，为了使司机及时了解调车车辆与停留车之间的距离，调车员应显示连挂信号和距离信号，以做到平稳连挂。没有显示连挂信号和距离信号不准挂车。调车员显示信号后，没有听到司机鸣示回示信号时，要立即显示停车信号。机车、车组接近被连挂车辆不少于1米时一度停车，确认车钩位置正确后再连挂。确认连挂好后，推动车辆前应指挥司机进行试拉。

5. 调车运行安全的基本要求

车厂值班员正确、及时地排列调车进路、开放调车信号，做到随时监控机车车辆运行。调车作业中，司机与车厂值班员保持联系，严格执行呼唤制度。在调车作业中司机要准确掌握速度，在瞭望条件差、天气不良等非常情况下应适当降低速度。在尽头线上调车时，距线路终端应有10 m的安全距离，遇特殊情况需小于10 m时，应与司机联系，严格控制速度并采取防溜措施。

6. 车辆停留、防溜及止轮器存放的规定

连接线、牵出线、洗车线、走行线（接发列车时除外）、试车线、咽喉道岔区禁止停放机车车辆。在其他线路存放车辆时，应经车厂调度员同意方可占用。

调车作业，应做到摘车时先做好防溜（电客车应恢复空气制动和停车制动，工程车拧紧手闸，必要时放置铁鞋）后再摘车；挂车前应首先检查防溜措施状况，确认无误后才能挂车，挂妥后再撤除防溜。铁鞋应统一放置于机车车辆一侧的车轮下，撤除防溜后，铁鞋

应及时放归原位。

学习思考

调车作业规定中哪些是容易出现错误或失误的地方？

评价表

根据以上学习内容，评价自己对相关知识与技能的掌握程度，在相应空格打"√"。

评价内容	差	合格	良好	优秀
调车作业事故的五项常见原因				
学习中存在的问题或感悟				

拓展提升

站台接发列车：手指确认法

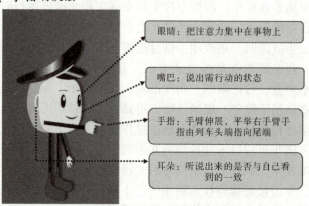

眼睛：把注意力集中在事物上

嘴巴：说出需行动的状态

手指：手臂伸展，平举右手臂手指由列车头端指向尾端

耳朵：听说出来的是否与自己看到的一致

"手指确认"源自于日本的"零事故战役"。

1973年，日本在经济高速发展的同时，工作现场的死亡人数也曾逐年增加。为了有效遏制这种局面，日本开始推行"零事故战役"，旨在解决工作现场职业健康和安全问题，确保工作人员身心健康，实现工作现场"零事故"战役的具体方法就是"手指确认"法。

"手指确认"就是指，将某项工作的操作规范和注意事项编写成简易口语，当作业开始的时候，不是马上开始而是用手指出并说出那个关键部位进行确认，以防止判断、操作上的失误。让员工在工作前，眼看、手指、口述工作环境的安全状况和注意事项，在工作中时常口述安全操作的步骤，久而久之自然让员工熟练了安全操作，形成习惯，从而提高安全意识和操作技能，达到少出错误、少出纰漏、少出事故的作用。

 巩固提高

1. 站台的站务人员在确保行车安全时要注意哪些因素？

2. 司机在乘客乘降的过程中要注意哪些因素？

 模块训练

实训目的：使学生掌握行车安全管理基础知识、接发列车作业隐患和防范措施、调车作业隐患和防范措施，能够预防或处理行车过程中的事故。

实训方法：案例分析、查阅相关资料。

 模块小结

通过行车安全管理知识的学习，了解城市轨道交通行车事故的管理原则和报告、调查处理程序，在实际工作中，了解事故发生的常见原因，遵循行车调度安全、车站作业安全、列车驾驶安全、调车作业的基本要求，控制不安全因素，以更好地预防行车事故或突发事件的发生。

 模块自测

1. 行车事故可以按什么标准进行划分？划分的具体规定是什么？

2. 叙述行车事故的报告程序和处理程序。

3. 行车调度的基本任务和要求各是什么？

4. 对于列车驾驶不安全因素，应如何控制？

5. 调车作业时一般发生的事故是什么？发生事故的常见原因是什么？

模块四

城市轨道交通设备安全管理

 **情境导入**

在进行城市轨道交通专业学习后，小明了解到在考虑安全问题时，还要考虑到设备本身的安全。他不禁冒出很多疑问，例如，在城市轨道交通系统中，设备种类都有哪些呢？设备安全具体是如何规定的？带着这些疑问，小明开始了本模块的学习。

 **学习目标**

1. 了解城市轨道交通设备安全管理的概念
2. 掌握设备安全管理的内容、要点、重点
3. 了解电客车的构成及其安全要求
4. 了解供电系统运行管理的方针、任务和内容
5. 了解环控系统的概念、组成和故障处理原则
6. 了解给排水系统的组成及其功能
7. 了解消防系统的故障处理原则
8. 了解屏蔽门系统运行管理的具体内容

知识点一　车辆运行与维护安全管理

城市轨道交通车辆机械设备具有价格昂贵、现代化程度高、精确性高、作业场所特殊等特点。车辆运行与维护作业场所要求足够明亮，通风良好，地面无积水和积油。

城市轨道交通车辆（电客车）组成复杂，涉及很多零部件，只有这些零部件都能正常发挥作用，才能保证电客车的安全运行。电客车的构成及安全要求见表4-1。

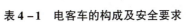

表 4 – 1　电客车的构成及安全要求

电客车的组成部件		具体描述和安全要求
轮对装置		轮对装置的作用是保证机车车辆在钢轨上的运行和转向，承受来自机车车辆的全部静、动载荷，并把它们传递给钢轨。轮对装置应符合安全要求并装置完好，轮缘润滑装置功能正常
制动装置		制动装置的作用是调节列车运行速度和及时准确地在预定地点停车，保证列车安全正点运行。制动装置的功能应完好，施加和缓解动作应正常，可控制
驱动装置		驱动装置包括电动机、联轴节、齿轮箱。驱动装置应功能正常，没有卡死、变形及脱落的危险
车底悬挂设备		车底悬挂设备主要包括各电气设备箱。车底悬挂设备的箱盖须锁闭紧固
减振装置		减振装置的作用是降低干扰力矩的能量，以衰减振动。减振装置外观及功能应完好，无泄漏、无变形，且紧固良好
车钩缓冲装置		车钩缓冲装置是用于使车辆与车辆、机车与车辆相互连挂，传递牵引力、制动力并缓和纵向冲击力的车辆部件。它由车钩、缓冲器、钩尾框、从板等组成，其安装于车底架钩端的牵引梁内。车钩缓冲装置应功能良好，没有变形，紧固良好
空气压缩机		空气压缩机是气源装置中的主体，它将原动机（通常是电动机）的机械能转换成气体压力能，是压缩空气的气压发生装置。电客车上的空气压缩机的作用主要是为制动机和车门提供驱动用压缩空气。空气压缩机要求运行良好，没有空气和润滑油泄漏
车厢内相关设备	贯通道	其作用是允许乘客从一节车厢自由地走到另一节车厢并且使乘客感到安全和舒适。贯通道的装置应完好，锁闭正常、无破损
	车厢内立柱扶手	车厢内立柱扶手要求牢固，无松动，无裂纹
	车厢天花板和活动盖板	车厢天花板和活动盖板应安装牢固、锁闭，无脱落危险
	车辆空气管道	车辆空气管道应安装牢固，无泄漏
	车厢内消防设备	车厢内消防设备应配置到位、稳妥，功能良好
	客室和司机室车门	客室和司机室车门要求关闭和锁闭功能良好
	司机室	司机室要有良好的视线并适当通风，要有便于驾驶员操作车辆的环境
	车辆逃生设备	车辆逃生设备应功能正常
	车辆设备的连接	车辆设备的连接要求紧固良好
	车辆接地装置	车辆接地装置应功能正常，无损坏、松动、断裂及脱落危险
	车厢照明装置	车厢照明装置为乘客提供照明，以保证车辆在隧道内运行时车厢内保持足够的亮度，车厢照明应具备正常照明和应急照明两种方式
	车厢通风及温度调节功能	车厢通风及温度调节功能保证车厢内的环境温度和空气质量，让乘客感到舒适，其功能须完好

续表

电客车的组成部件	具体描述和安全要求
受电弓	受电弓是从接触网受取电能的电气设备。要求功能正常，无变形、损坏、松动和脱落危险
车门不动保护功能	车门不动保护功能保证车门出现故障或夹人、夹物而没有完全关闭并锁好时，通过电气联锁使电客车不能动车，其功能必须完好
司机控制器	司机控制器是司机驾驶控制电客车启动、加速、制动、停车的装置，其须功能正常，操控良好
车辆头灯	车辆头灯是为司机提供驾驶照明的设备，其须功能良好，具有足够的亮度
刮雨器	刮雨器是雨天时为司机提供良好视线的设备，其须动作平滑，移动范围及速度可调
继电器	继电器是以一定的输入信号（如电流、电压或其他热、光等非电信号）实现自动切换电路的"开关"，其应功能正常，动作正常，逻辑关系正常
气压欠压不动保护功能	气压欠压不动保护功能是指当主风管压力未达到一定数值时，通过电气联锁使电客车不能动车，其功能应良好
蓄电池	蓄电池是将化学能直接转变成电能的装置，其状态和功能应良好
应急充电机	应急充电机是给蓄电池进行应急充电的设备，其状态和功能应良好

学习思考

与日常家用汽车的部件进行对比，思考城市轨道交通电客车都有哪些部件？

评价表

根据以上学习内容，评价自己对相关知识与技能的掌握程度，在相应空格打"√"。

评价内容	差	合格	良好	优秀
对电客车的构成的掌握程度				
对电客车安全要求的掌握程度				
学习中存在的问题或感悟				

知识点二　供电系统运行与维护安全管理

城市轨道交通供电系统是为城市轨道交通运营提供所需电能的系统，其不仅为城市轨道交通电动列车提供牵引用电，而且还为城市轨道交通运营服务的其他设施如照明、通风、空调、给排水、通信、信号、防灾报警、自动扶梯等提供电能。在城市轨道交通的运营中，供电一旦中断，不仅会造成城市轨道交通运输系统的瘫痪，而且还会危及乘客生命安全和造成财产的损失。可见，高度安全可靠而又经济合理的电力供给是城市轨道交通正常运营的重要保证。

城市轨道交通供电系统的构成如图4－1所示。

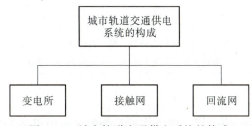

图4－1　城市轨道交通供电系统的构成

城市轨道交通供电系统各部分的作用见表4－2。

表4－2　城市轨道交通供电系统各部分的作用

构成部分	作用
变电所	变电所通过接触网由车辆受电器向电动客车馈送电能
接触网	接触网是沿轨道线路架设，向电客车供给电能的特殊形式的输电线路，其包括架空柔性接触网、架空刚性接触网和接触轨等类型
回流网	回流网是牵引电流返回变电所的导体

一、运行管理的方针、任务和内容

城市轨道交通供电系统运行管理工作包括运行和检修两个部分。下面具体介绍城市轨道交通供电系统运行管理的方针、任务和内容。

1. 运行管理的方针

城市轨道交通供电系统的运行管理工作应实行"三定、四化、记名检修"的方针，并贯彻落实"质量第一、修养并重、预防为主"的原则，逐步向"定期检查、状态维修、限值管理、寿命管理"的目标过渡。

城市轨道交通供电系统运行管理方针见表4－3。

表4－3　城市轨道交通供电系统运行管理方针

运行管理方针		具体内容
三定	定设备	把电气设备管理范围按工种划分清楚，明确分界点，以防止漏检、漏修
	定人（或班组）	把设备的保管、维护和检修任务落实到人（或班组），做到分工明确，各负其责，从而加强工作责任感，以利于提高质量，减少事故
	定检修周期和范围	根据不同的设备和修程，确定其检修周期和范围，以实现计划检修

续表

运行管理方针		具体内容
四化	作业制度化	检修作业和设备操作要按规定程序和安全制度执行
	质量标准化	按技术要求精检细修，达到统一的质量标准
	检修工艺化	坚持按工艺要求进行检修，保证质量，提高效率，降低成本
	检修工具和检修手段现代化	利用现代科学技术及装备进行检修和测试，以适应现代技术不断发展的需要
记名检修	记录检修者姓名	要求检修者根据设备的技术状态提出检修依据，采取针对性措施，按工艺检修，并做到修前有计划，修中有措施，修后有结语
	记录验收者姓名	要求验收者按规程验收，并承担相应的责任

2. 运行管理的内容和任务

城市轨道交通供电系统的运行管理工作就是为保证供电设备的安全运行，持续地为城市轨道交通系统提供合格的电能而采取的技术措施和组织措施。

城市轨道交通供电系统运行管理的内容和任务见表4－4。

表4－4　城市轨道交通供电系统运行管理的内容和任务

任务	内容
正常运行工作	正常运行工作包括设备巡视、记录、设备维护、倒闸操作、工票受理等
异常情况处理	异常情况处理是指设备在规定的外部条件下，部分或全部失去额定的工作能力的状态，它是相对于设备的正常工作状态而言的
设备检修	设备检修包括定期检修、预防性检修和临时检修
运行、技术资料管理和人员培训	运行分析工作主要是针对设备运行、操作和异常情况及人员执行规章制度情况，进行分析总结，摸索规律，找出薄弱环节，及时发现问题，掌握运行规律，有针对性地制定保证运行安全的措施，以防止事故发生，不断提高安全经济运行水平和管理水平

二、电气化线路电气安全要求

电气化线路电气安全要求见表4－5。

表4－5　电气化线路电气安全要求

1. 接触网的各导线（如接触线、承力索、馈线、吊弦等）及其相连部件（如腕臂、定位器、定位管、拉杆、避雷器等）都带有高压电，禁止直接或间接地（指通过任何物件，如棒条、导线、水流等）与上述设备接触
2. 当接触网的绝缘不良时，在其支柱、支撑结构及其金属结构上，在回流电缆和钢轨的连接点上，都可能出现高电压，因此，平常应避免与上述部件接触；当接触网绝缘损坏时，禁止与之接触
3. 为保证人身安全，任何人员及其携带的物体（经检测合格的绝缘工具除外）应与带电接触网、受流器保持足够的安全距离。DC 1 500 V 接触网的安全距离为700 mm
4. 在接触网上或与接触网距离小于其安全距离的作业前，接触网必须停电，并做好安全措施后方可工作，一般来说，具体的安全措施是停电、验电、挂接地线和悬挂标志牌
5. 接触网断线及其部件损坏或接触网上挂有异物时，不得与之接触，须对该处加以防护，任何人员均应与断线落下点保持8 m以上距离，以防跨步电压触电

续表

6. 当区段内接触网停电接地时，不得向该区段接发电客车；当司机发现接触网异常或出现故障时，要立即停车并降下受电弓
7. 在接触网没有停电并接地的情况下，禁止到电客车及工程车车顶上进行任何作业。检修库内，在接触网停电并接地以前，禁止登上车顶平台
8. 接触轨区域必须张贴"当心触电"警告标志
9. 所有进入接触轨区域的人员必须穿绝缘鞋（绝缘靴）和有高可见度的反光背心
10. 除接触网专业人员按规定检修接触轨设备外；其他任何人员，即使在接触轨已经停电挂地线的情况下，也不得擅自接触、碰摸接触轨及其附件
11. 安装有接触轨的轨行区需疏散乘客时，原则上接触轨应停电，做好安全防护后再组织疏散
12. 倒闸操作、验电、挂拆接地线、处理接触网（轨）上异物时，操作人员必须戴高压绝缘手套
13. 带电更换低压熔断器时，操作人员要戴防护眼镜，站在绝缘垫上，并要使用绝缘柄钳或戴绝缘手套

三、低压配电及照明系统

车站照明系统采用 380 V 三相五线制、220 V 单相三线制方式供电，其供电范围为车站降压后的照明设备，设施及线路（大致包括站台、站厅公共区）的一般照明、节电照明（包括站名牌标示照明）、事故照明（包括疏散诱导指示照明）、广告照明和设备及管理用房的一般照明、事故照明；出入口的疏散诱导指示照明、一般照明与事故照明；电缆廊道的一般照明及区间隧道的一般照明、事故照明。

1. 巡视

对低压配电及照明系统须按规定进行巡视。巡视就是要及时发现系统设备异常现象，并在安全、不影响正常运营的情况下及时进行维修，以确保系统正常运营。

巡视以"望、闻、问、切、嗅"为主要手段，必要时使用仪器进行检查。

巡视手段见表 4-6。

表 4-6 巡视手段

巡视手段	具体内容
望	用眼观察各类照明灯具工作是否正常、指示灯指示是否正常、电流表和电压指示是否正常、转换开关及空气开关位置是否正确、接触器和继电器及开关触点是否有电弧灼痕、水位及水位指示是否正常等
闻	以耳聆听按触器和继电器线圈及灯具镇流器交流声是否正常、接触器和继电器吸合声是否正常、各类电机及机械工作声音是否正常等
问	询问车站值班人员及其他工作人员是否存在设备故障现象等
切	以手转动各开关和按动各按钮检查其功能是否正常、触摸蓄电池侧表面检查其温升是否正常、触摸各开关及电缆和电线绝缘表面，检查其温升是否正常、触摸各电机外表面检查其温升是否正常等
嗅	以鼻嗅吸的方式检查是否有电气烧焦臭味、机械摩擦产生的异味等

在巡视时，要注意以下三点。

（1）为确保维修人员安全，每组巡视人员应不少于 2 人。在区间隧道巡视时，应按有关规定办理工作票。

（2）为确保运营安全，巡视中如需改变有关设备工作状态时，巡视人应报知相关部门及相关人员。

（3）巡视人员应按要求填写相应巡视记录。

2. 低压配电照明系统故障（事故）处理原则

低压配电照明系统是车站机电设备的一部分，其故障（事故）处理须遵循"先通后复"的原则。故障（事故）发生时，须尽快修复或采取临时措施，尽可能减少故障（事故）对城市轨道交通正常运营的影响。任何作业均必须确保运营安全，包括行车安全、乘客安全和工作人员安全。需要在轨行区内进行的抢修作业和可能侵入轨行区的抢修作业，必须在停运后进行。

 学习思考

为什么每组巡视人员应不少于 2 人？

 评价表

根据以上学习内容，评价自己对相关知识与技能的掌握程度，在相应空格打"√"。

评价内容	差	合格	良好	优秀
对运营方针的掌握程度				
对供电系统运行管理的方针和任务的掌握程度				
对低压配电及照明系统的掌握程度				
学习中存在的问题或感悟				

知识点三　通信信号系统运行与维护安全管理

随着城市轨道交通列车行驶速度不断提升，要保证在高速环境下确保运营安全，缩短行车间隔，提高运营效率，对车辆、信号系统、通信系统等都提出了极高的要求。

1. 通信系统

城市轨道交通通信系统是指挥列车运行、公务联络和传递各种信息的重要手段，是保证列车安全、快速、高效运行不可缺少的综合通信系统。

城市轨道交通通信系统如图 4 - 2 所示。

通信系统的覆盖范围涵盖了控制中心、车站、车辆段、停车场、地面线路、高架线路、地下隧道与列车。城市轨道交通通信系统在发生火灾、事故或恐怖活动的情况下，是进行应急处理、抢险救灾和反恐的重要手段。

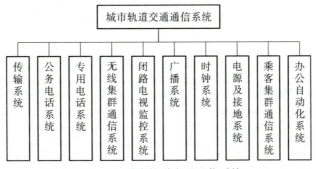

图 4 - 2　城市轨道交通通信系统

2. 信号系统

信号系统，即列车控制系统，它采用技术手段对列车运行方向、运行间隔和运行速度进行控制，从而保证行车安全，提高运输效率。随着技术水平的日益提高，信号系统的自动化程度和达到的性能都有了显著提高。城市轨道交通信号系统已从传统信号系统发展到现代信号系统，即列车自动控制（ATC）系统。

ATC 系统如图 4 - 3 所示。

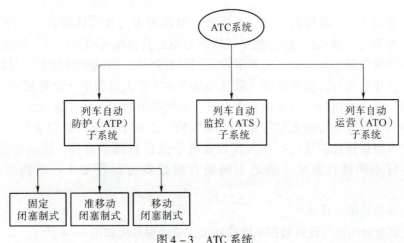

图 4 - 3　ATC 系统

其中移动闭塞取消了前两种制式的固定划分的分区，列车间隔控制可以不再以固定闭塞的分区为单位，后续列车以前列列车尾部为目标点追踪运行，列车制动的起点和终点都是动态的。列车的安全距离是按后续列车在当前速度下所需的制动距离加上安全余量计算得出，使列车追踪间隔有效减少。列车和地面间保持连续的双向通信，信息量大，易于实现无人驾驶。移动闭塞制式，既保证了安全性，又提高了效率。

 学习思考

结合日常乘坐城市轨道交通列车所见，说说列车通信信号系统应包括哪些内容？

根据以上学习内容，评价自己对相关知识与技能的掌握程度，在相应空格打"√"。

评价内容	差	合格	良好	优秀
对通信信号系统的掌握程度				
对列车自动控制（ATC）系统的掌握程度				
对列车自动防护（ATP）系统的掌握程度				
学习中存在的问题或感悟				

知识点四　机电系统运行与维护安全管理

一、环境与设备温控系统（环控系统）

城市轨道交通地下环境因封闭、湿度大、发热源多（如人体散热、车站设备散热、列车散热、外界空气带入热等），故空气质量与地面其他场所相差较大。在这种环境里，降温、除湿和排气是主要的空气处理手段，同时对新风、回风中的粉尘、有害物质及人们呼出的二氧化碳进行过滤和处理，借此为乘客和工作人员创造一个舒适的环境，保证设备能持续、正常地运行。当车站发生火灾、毒气等事故时，环控系统还能及时排除有害气体。显然，环控系统的重要性是不言而喻的。正常条件下环控设备可通过就地级、车站级、中央级进行控制和监控，实现设备集中监控和科学管理，提高综合自动化精度，通过运行不同环控模式，满足不同场合对设备的运行要求，做到安全、合理、先进。

1. 环控系统的概念及组成

城市轨道交通环境与设备监控系统的环境空气处理系统如图4-4所示。

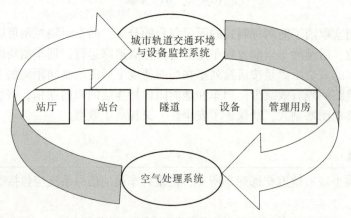

图4-4　城市轨道交通环境与设备监控系统的环境空气处理系统

城市轨道交通环境与设备监控系统（简称环控系统）是指在车站站厅、站台、隧道、设备及管理用房等处所的环境里进行空气处理的系统。其功能主要是调节指定区域内的空气温度、湿度，并控制二氧化碳、粉尘等有害物质的浓度，以满足人体健康及相关设备正常运行的要求。环控系统主要由风系统、车站空调水系统和集中供冷系统组成。

2. 系统运行管理任务

环控设备维护人员必须认真执行"三不动""三不离""四不放过"等基本安全生产制度。

环控系统安全生产制度见表4-7。

表4-7　环控系统安全生产制度

序号	基本安全生产制度
1	三不动：未联系登记好不动；对设备性能、状态不清楚不动；正在使用中的设备不动
2	三不离：维修完不复查、未实验好不离开；发现故障不排除不离开；发现异状、异味、异声不查明原因不离开
3	四不放过：事故原因没有分析清楚不放过；事故责任人没有受到处罚不放过；相关人员没有受到教育不放过；预防事故措施没有落实不放过
4	在安排维修作业时，应有安全防范措施，并严格遵守有关技术作业安全规定
5	特殊工种必须持证上岗，并进行必要的岗前培训，上岗证按规定进行年审
6	各层级都应设专职或兼职安全员，负责安全工作及监控，以形成安全管理网络

3. 环控系统故障处理原则

（1）对发生故障的设备进行及时判断分析，及时排除故障。

（2）对重要的故障设备进行测试、诊断，进而修复或暂时修复。

（3）详细记录故障现象及修复过程，以备在其他修程开展时做出进一步的处理与修复。

（4）保证故障设备能恢复使用功能，如无法达到，至少确保设备恢复运营所必须具备的功能。

（5）及时向有关人员通报对故障进行测试、诊断及处理的过程。

二、屏蔽门系统安全管理

屏蔽门系统主要由门体、门机系统、控制系统及电源系统等组成。它安装于城市轨道交通沿线车站站台边缘，可以提高运营安全系数、改善乘客候车环境、节约运营成本。屏蔽门系统的使用，隔断了站台侧公共区域空间与轨道侧空间，减少了人员跌落轨道的安全隐患及驾驶员驾车进站时的心理恐慌问题；隔离了列车运行时所产生的噪声、活塞风，并避免活塞风造成的内空调制冷量的损失，同时还可减少设备容量及数量、减少土建工程量等投资建设成本，能产生良好的社会、经济效益。

屏蔽门系统的构成如图4-5所示。

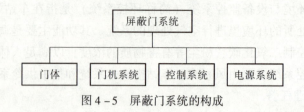

图 4-5　屏蔽门系统的构成

1. 屏蔽门系统运行管理的具体内容

屏蔽门系统运行管理的具体内容见表 4-8。

表 4-8　屏蔽门系统运行管理的具体内容

序号	运行管理内容	具体内容
1	运营前巡视检查	系统启动后，每日进行运营使用前的巡视，确保设备初始状态正常
2	故障应急处理	设备发生故障时，由站台岗工作人员依照规则作应急技术处理，并按程序报维修人员处理
3	日常报修作业	设备日常运行期间发生故障时，专业维修人员接报之后进行的抢修工作
4	巡视作业	通过观察设备运行状态，与标准常态比较，及早发现异常状态，及时将故障解决于故障发生的初期，尽量避免故障后维修
5	计划维修作业	维修作业是一种主动的预防性维修，作业内容较巡视深入，是根据屏蔽门的构成、运行和使用特点等因素，周期性地纠正系统各设备（部件）运行后可能累积的误差、磨损，或零部件使用达寿命后的更换，使设备达到良好的运行状态
6	设备运行管理	定期下载、存储屏蔽门系统运行数据，用于必要的运行历史追溯、故障分析
7	备品备件采购	根据设备运行使用的损耗需求，结合备品备件仓储数量、零部件的使用寿命，定期采购补充

2. 屏蔽门系统管理人员的职责

屏蔽门系统管理人员有设备维修人员、站务操作使用人员、技术支持人员。

屏蔽门系统管理人员岗位职责见表 4-9。

表 4-9　屏蔽门系统管理人员岗位职责

管理组织及有关人员	岗位职责
设备维修人员	设有专业的维修工班，维修工班负责日常巡视、执行各种计划作业、故障抢修、应急处理、临时任务，并反馈各种作业情况
站务操作使用人员	负责日常使用操作，包括系统启动、停止、应急处理
技术支持人员	负责制订各种作业计划，为维修工班提供维修技术支持，为使用者提供技术咨询服务

3. 屏蔽门使用、屏蔽门监视器（PSA）微处理器使用和维修保养作业的注意事项

屏蔽门使用、屏蔽门监视器（PSA）微处理器使用和维修保养作业的注意事项见表 4-10。

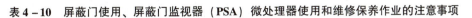

表 4 – 10　屏蔽门使用、屏蔽门监视器（PSA）微处理器使用和维修保养作业的注意事项

作业主题	注意事项
屏蔽门使用	（1）工作人员如需打开滑动门使之处于开门状态，必须加强监控，以免影响安全行车
	（2）除非因列车停车位置超出误差范围而使用应急门，任何正常行车状态下，严禁打开应急门；一经应急使用后，必须确认其关闭并锁紧，严禁使用异物阻挡应急门关闭
	（3）工作人员使用端门后，必须确认关闭并锁紧，端门打开后需有人守护；严禁使用异物阻挡端门关闭
	（4）严禁放置任何物品在门槛上，严禁靠放任何物品在门体上
	（5）严禁乘客倚靠在滑动门体上
	（6）清洁门体、地板、隧道时，不得使底座绝缘套受潮
	（7）严禁使距屏蔽门门体边沿 2.1 m 范围内的绝缘套受潮
	（8）打开应急门及滑动门时必须使用屏蔽门菱形头三角钥匙，拔钥匙时必须逆时针转回原位退出；严禁使用圆头三角钥匙开启应急门及滑动门，以防止关门时锁芯错位致使关门不紧。严禁任何人员在正常运营列车进出站产生活塞风时，打开端门或应急门
	（9）严禁使屏蔽门门槛承受超 150 kg 的设计载荷
屏蔽门监视器（PSA）微处理器使用	（1）PSA 微处理器是屏蔽门系统的重要设备，除综控室值班工作人员、保养维修人员以外，其他人员未经许可不得进行操作
	（2）禁止在 PSA 微处理器装载、启动其他无关软件
	（3）禁止擅自删除、改变系统的任何配置文件、参数及属性
维修保养作业	（1）在系统级控制模式运营时，如需要对故障门单元进行维修，必须在隔离或测试模式下进行，并确保门关闭与锁紧信号形成，以免影响开车进出车站
	（2）由于屏蔽门主控制器（PEDC）断电后其时钟信息不能保持，系统重新上电后必须重设时钟
	（3）人工开关滑动门时，禁止快速拉动或冲击滑动门
	（4）需要反复人工开关滑动门，或人工推动滑动门的行程较大时，需要依次作如下安全操作：隔离屏蔽门、断开该门电机电源、松开门控制单元（DCU）与电机的连接。完成以上安全操作后，可进行人工开关门操作。恢复正常时，需要依次作如下操作：恢复 DCU 与电机的连接、恢复门电机电源、恢复自动工作模式

4. 屏蔽门系统事故（故障）处理原则

屏蔽门发生故障时，依照行车规则，按先通车后维修，确保安全运营的原则，站台工作人员需要先做好应急措施。其中包括现场安全防护措施、障碍物清除、隔离影响进站/发车的门单元、PSA 故障复位操作，以及设备的其他技术操作。应急措施不能解决的事故（故障）报维修人员抢修，任何作业必须确保运营安全，包括行车安全、乘客安全和工作人员安全，需要在执行区内进行的抢修作业和可能侵入轨道的抢修作业，必须在停运后进行。

城市轨道交通运营安全与突发事件处置

三、给排水系统和消防系统

1. 给排水系统

城市轨道交通车站和车辆段给排水系统的构成如图4-6所示。

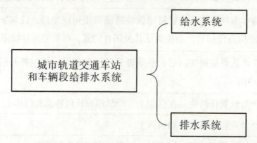

图4-6　城市轨道交通车站和车辆段给排水系统的构成

城市轨道交通车站和车辆段给排水系统由给水系统和排水系统两部分组成。给排水系统运行管理的任务就是通过对车站和车辆段给排水系统设备的操作、维护、保养和维修，使之能持续、高效地运行。

城市轨道交通车站和车辆段给排水系统的组成和功能见表4-11。

表4-11　城市轨道交通车站和车辆段给排水系统的组成和功能

系统组成		具体内容	功能
给水系统	生活给水系统	主要由水源（城市自来水）、水池、水泵、水塔（水箱）、气压罐、管道、阀门、水龙头等组成	满足生产、生活和消防用水对水量、水质和水压的要求
	生产给水系统		
	消防给水系统	由水源（城市自来水）、消防地栓、水泵结合器、消防水泵、管道、阀门、消火栓（喷头）、水流指示器等组成	
排水系统	污水系统	主要由集水井、压力井、化粪池等组成	保证车站和车辆段排水畅通，为城市轨道交通安全运营提供服务
	废水系统	主要由集水井、压力井等组成	
	雨水系统		

给排水系统是车站及车辆段机电设备的一部分，其事故（故障）处置原则须遵循城市轨道交通指定的相关规定要求，即"先通后复"，尽可能减少事故（故障）对正常运营的影响。

另外，给排水系统发生故障的绝大多数原因为水泵发生故障，因此熟知水泵故障的处置方法，具有重要意义。

2. 消防系统

消防系统是城市轨道交通系统重要的安全设施，它对城市轨道交通火灾的监控起到至关重要的作用。消防系统的故障按其性质可分为严重故障和一般故障两大类。对于前者，应立即进行紧急抢修，"先通后复"。以下就消防系统的故障分类、故障处理程序及原则、故障处理要求等方面进行详述。城市轨道交通消防系统故障分类见表4-12。

82

表4-12　城市轨道交通消防系统故障分类

故障类别	判断标准
严重故障	防灾报警系统（fire alarm system, FAS）的站级功能全部丧失
	FAS有一个以上的探测回路丧失工作能力，导致车站有大片区域失去火灾监视功能
	FAS车站级计算机和控制盘显示LCD（liquid crystal display）同时失效
	气体灭火系统完全失去监视功能
	气体灭火系统经常误报火警
一般故障	FAS丧失中央级监控功能，但车站级功能完好
	FAS线路故障，但不影响回路的监测功能，如接地等
	个别烟感探测器报脏污，或个别模块损坏
	消防电话故障
	主机部分板卡故障，但不影响整体的监视和控制功能
	气体灭火系统部分辅助设备故障，如警铃等

城市轨道交通消防系统故障处理原则和要求见表4-13。

表4-13　城市轨道交通消防系统故障处理原则和要求

故障处理	具体内容
故障处理程序及原则	（1）消防系统检修人员从维修调度处受理消防系统故障或在检修过程中发现系统故障，故障受理要按要求填写故障受理表格
	（2）消防系统设备发生故障时，有关维修人员应及时准确地作出判断（判明故障位置、故障原因等），积极组织修复，缩短故障时间，把故障的影响控制在最小范围内，若无法维修，应及时上报
	（3）系统完全或部分丧失火灾监控功能，抢修也无法能马上恢复的情况下，维修人员应立即通知车站值班站长，说明情况，由其安排加强车站的火灾巡视工作
	（4）消防系统设备维修人员在故障处理完成后，应对控制盘、模块箱等周围环境进行清理，并及时销点
	（5）故障维修完毕，及时填写故障处理台账，做好记录，归档备查
	（6）由消防系统维修工班工班长或专业工程师对维修情况及相关处理记录、台账作核查，确保维修质量
	（7）检修过程中，不能影响接口专业的运作，涉及接口的维修，应先与其他专业协调，并预先告知可能造成的影响，必要时在其他专业的监护下，进行检修
	（8）对于消防系统监控对象（防火卷帘门、防火阀等设备）故障而引起的消防系统功能障碍，维修时若需消防系统配合，消防系统维修人员应积极予以配合协作
故障处理要求	了解故障情况要做到"三清楚"，即时间清楚、原因清楚、地点清楚。处理要遵循"四不放过"的原则，即事故原因分析不清不放过，事故责任人没有受到处罚不放过，相关人员没有受到教育不放过，预防事故措施没有落实不放过

四、电梯系统

城市轨道交通电梯系统构成如图4-7所示。

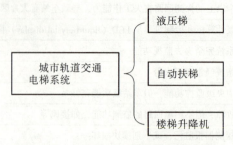

图4-7　城市轨道交通电梯系统构成

电梯系统由液压梯、自动扶梯、楼梯升降机组成，其是城市轨道交通系统的一个重要组成部分，它每天担负着运送大量乘客的任务，对客流的及时疏散起到了重要的作用。

城市轨道交通系统配置液压梯、自动扶梯及楼梯升降机的基本原则为：站台至站厅间根据车站远期客流量设置上、下行自动扶梯以保证人流的疏散和服务质量；车站内设置残疾人液压梯、楼梯升降机以满足残疾人等特殊人群的需要。

1. 运行管理的任务和内容

电梯系统运行管理的任务是保证设备处于正常运行状态，实现系统的设计功能，同时为车站迅速输送乘客、维持良好秩序提供有力保证。

城市轨道交通电梯系统运行管理的内容见表4-14。

表4-14　城市轨道交通电梯系统运行管理的内容

运行管理的事项	具体内容
应急处理	设备发生困人或客伤等事故时，由运行管理人员按应急方案处理，并按规定通知维修人员
故障报告	观察设备的运行状态，若发现异常（如异常响声、停梯等），及时将故障情况报告环控调度员，再由环控调度组织专业人员维修
设备监管	对设备的正确使用进行监管，防止乘客违规使用
运行操作	每天对设备的启动和停止进行操作

2. 运行管理组织及有关人员的职责

电梯系统运行管理由各车站工作人员根据车站运作需要，对系统设备进行开、关和控制运行方向的操作，并对设备进行监管及故障报告。当车站出现紧急情况或发生火灾时由控制中心统一指挥。车站工作人员按照救灾模式控制设备的运行。

由于电梯系统设备属于特种设备，安全性要求很高，因此城市轨道交通运营部门须制定严格的操作规程及管理制度，以保障乘客的安全。

五、自动售检票系统

城市轨道交通自动售检票系统如图4-8所示。

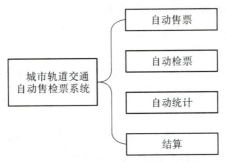

图 4 - 8　城市轨道交通自动售检票系统

自动售检票系统（automatic fare collection system，AFC）是集机械、电子、计算机应用、计算机网络管理、通信传输、票务政策及票务管理等功能于一体的控制系统和信息管理系统。

城市轨道交通自动售检票系统的组成如图 4 - 9 所示。

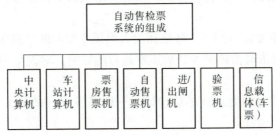

图 4 - 9　城市轨道交通自动售检票系统的组成

城市轨道交通自动售检票系统的分类如图 4 - 10 所示。

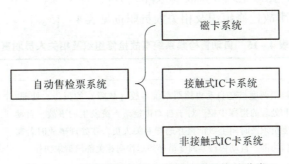

图 4 - 10　城市轨道交通自动售检票系统的分类

在此仅以非接触式 IC 卡 AFC 系统为例进行相关知识的介绍。

1. 自动售检票系统构成

在自动售检票系统中，设备构成大致分为 3 个层次。

（1）第一层为中央计算机系统。其负责系统数据的处理和存储，并负责搜集系统交易数据、下达系统运营及控制参数，并对全线自动售检票系统设备的运营状态进行监视和控制。

（2）第二层为车站计算机系统。其负责车站内自动售检票设备的状态控制，下达由中央计算机系统设置的各类控制参数，搜集各设备的运行数据，并将数据传输到中央计算机系统。

（3）第三层为现场自动售检票设备。其包括闸机、自动售票机、票房售票机、验票机、便携式验票机等，它们按不同的功能各自独立运行，同时设备内配有独立的就地控制装置。在与系统的通信中断的情况下，现场自动售检票设备能独立运作，并保存一定时间范围内的设备运营数据，通过适当的介质将这些数据传送到车站计算机。

2. 自动售检票系统事故（故障）分析与处理

1）事故（故障）处理原则

为确保自动售检票系统安全、稳定、高效运行，使自动售检票系统的运营及维修工作"有章可循""有章必循"，自动售检票系统维修人员应及时、有效地处理系统设备故障，提高设备的可用率，减少或杜绝系统事故发生，保障乘客、员工及设备的安全。自动售检票系统事故（故障）处理按以下的原则进行。

（1）自动售检票系统发生事故时，要积极采取措施，迅速抢救，尽快恢复运营，尽量减少损失及对运营的影响。

（2）在发生事故与设备故障后，自动售检票调度员和有关人员须首先判断其性质、影响范围，并尽快隔离故障设备，然后按其轻重缓急组织和实施抢修，以尽快恢复设备正常运行。

（3）对影响大的重要设备损坏，各级相关人员须立即判断其性质、影响范围，并立即将故障设备隔离，尽快采取措施减少其对正常运营的影响；对发生的人身伤亡事故按照运营的相关规定处理。

（4）所有事故与故障的处理应尽量快捷，一般在事故（故障）发生的运营日内进行处理，不拖延到下一个运营日。

（5）自动售检票系统事故发生后，要按照"四不放过"的原则处理事故，找出原因，分清责任，吸取教训，制定措施，防止同类事故的再次发生。

2）事故（故障）抢修组织和事故（故障）分析

自动售检票系统事故抢修组织及相关人员职责见表4-15。

表4-15　自动售检票系统事故抢修组织及相关人员职责

事故抢修人员	职责	要求
自动售检票调度员	自动售检票调度员是自动售检票系统事故（故障）的报告、处理、人员调配和处理的指挥中枢。对于自动售检票系统发生的事故，自动售检票调度员须及时向上级汇报并通知有关人员；在处理事故时若需要其他部门协助，自动售检票调度员必须尽快向相关部门请求协作	所有事故与故障在处理完毕后，各级相关人员必须及时、准确地填写相关记录和维修日志
	自动售检票调度员是自动售检票系统事故与故障的具体处理者，相关人员必须服从自动售检票调度员的指挥和调度。自动售检票维修人员在接到自动售检票调度员的通知后，必须在指定的时间内给予回复	
自动售检票维修人员	在发生一般事故与故障时，自动售检票维修人员须立即组织和实施抢修，原则上应在30分钟内处理完毕或采取应急运行措施，最迟的处理完毕时间不能超过1小时。 在发生较大事故与故障时，原则上应在6小时内组织和实施处理，并须在2小时内处理完毕。 特殊情况下，就算有客观原因，对于较大故障，原则上也须在8小时内处理完毕	为更好地管理自动售检票设备故障，须建立完善的故障登记、统计和分析制度

续表

事故抢修人员	职责	要求
自动售检票专业技术人员	应对管辖范围内的自动售检票设备故障进行综合分析，统计自动售检票设备常见、易发故障，总结经验教训，提出防范措施，提高维修水平，减少重复故障的发生	进行故障登记时，要如实记录故障发生的时间和故障修复的时间，这两个时间的间隔定义为故障延续时间

六、机电设备监控系统

机电设备监控系统是城市轨道交通重要的安全设施，必须严格执行计划性维修维护制度，以保证系统的良好运行，但由于城市轨道交通环境的特殊性和其他不可预测的因素，设备故障不会完全避免，高效的故障抢修处理程序是系统安全可靠运行的重要保障。

1. 机电设备监控系统故障分类

机电设备监控系统故障分类如图 4 – 11 所示。

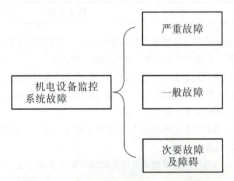

图 4 – 11　机电设备监控系统故障分类

若机电设备监控系统出现严重故障，应进行及时的紧急抢修，同时通知环控调度员及相关车站采取临时应急措施，使系统降级运行。其他故障可根据城市轨道交通运营需要进行处理，若故障难以短时间内处理完毕，则可通知环控调度员下令设备转入环控位或现场位操作。

机电设备监控系统故障分类及其判断标准见表 4 – 16。

表 4 – 16　机电设备监控系统故障分类及其判断标准

故障分类	判断标准
严重故障	1. 运营控制中心与 1 个以上车站失去联系 2. 车站级计算机失效 3. 车站控制器网络故障，并不能重组 4. 机电设备监控系统火灾工况无法执行

故障分类	判断标准
一般故障	1. 车站的设备监控控制器故障，但不影响火灾工况的执行 2. 车站级网络通信故障，但重组成功 3. 车站计算机或模拟屏之一出现故障 4. 车站的设备监控打印机及不间断电源故障 5. 车站的设备监控外围装置故障，影响正常环控模式的执行 6. 车站设备监控系统与 FAS、ATS 和冷水机组接口通信出现故障，无法正确接收相关系统信息
次要故障及障碍	不属于上述规定的为车站设备监控系统次要故障及障碍，具体包括由机电设备监控系统控制对象（非机电设备监控系统设备）故障引起的机电设备监控系统功能障碍

2. 事故（故障）处理原则、程序、时限及要求

为迅速进行事故障碍的处理，同时便于机电设备监控系统设备故障维修的管理及考核，要建立完善的故障受理制度。

机电设备监控系统故障处理的原则、程序、时限等要求见表 4-17 所示。

表 4-17　机电设备监控系统故障处理的原则、程序、时限等要求

事故处理	具体内容
原则	1. 机电设备监控系统维修人员从维修调度处受理机电设备监控系统故障或在维修过程中发现系统故障，故障受理要按要求填写故障受理表格。 2. 机电设备监控系统设备发生故障，有关维修人员应及时准确地作出判断（判明故障位置、故障原因等），积极组织修复，缩短故障时间，把故障时间、影响控制在最小范围内。若无法现场及时维修，应及时上报。 3. 机电设备监控系统维修人员在故障处理完毕后，应对控制器箱、柜及周围环境进行清理，并及时销点。 4. 机电设备监控系统维修人员应及时填写故障处理台账，记录故障情况及处理过程，归档备查。 5. 严格事后检查制度，由机电设备监控系统维修工班工班长或专业工程师对维修情况及相关处理记录、台账作核查，确保维修质量。 6. 维修过程中，不能影响接口专业的运作，涉及接口的维修，应先与其他专业协调，预先告知其他相关专业检修过程中对相关专业可能造成的影响，必要时在其他专业的监护下，进行维修。 7. 对于机电设备监控系统控制对象（环控、给排水、照明等系统）故障而引起的机电设备监控系统功能障碍，维修时若需机电设备监控系统专业配合，机电设备监控系统维修人员应积极予以配合协作
时限	1. 对在线设备，当班维修人员应在接到通知的当班内到达现场，进行维修，维修应在当班内完成；当班完成不了，则应报生产调度，并做好现场防护措施，尽快安排后续维修。 2. 对离线设备，在离线前应做好替换措施，替换后经复查、检验正常后，方可离开现场，离线设备的维修应有计划的维修期限
要求	故障处理要按故障处理程序进行，了解故障情况要做到"三清"，即时间清、原因清、地点清；处理要遵循"四不放过"原则，即事故原因分析不清不放过，事故责任人没有受到处罚不放过，相关人员没有受到教育不放过，预防事故措施没有落实不放过

评价表

根据以上学习内容，评价自己对相关知识与技能的掌握程度，在相应空格打"√"。

评价内容	差	合格	良好	优秀
对列车机电系统的掌握程度				
对列车运营维护知识的掌握程度				
学习中存在的问题或感悟				

 学习思考

1. 城市轨道交通机电系统分别包括哪些内容？

2. 站务员在日常工作中，如遇到消防系统故障应该如何处理？

 巩固提高

城市轨道交通设备安全就是保证城市轨道交通各类设备设施处于安全状态，能够按照预期执行既定的运用功能，保障行车、客运服务、设备设施维护等工作正常进行。设备安全应满足三个方面的安全要求：设备设施的服务对象的安全；设备设施操作人员的安全；设备设施自身的运行安全。

 模 块 训 练

训练目的：使学生了解城市轨道交通设备安全的基本概念、特点、要求原则与管理机构等相关知识。

训练方法：多查阅相关课外资料。

 模 块 小 结

城市轨道交通设施运营、维护所需的各类机电设备通称为城市轨道交通设备，主要包括车辆、信号系统、供电系统、通信系统、自动售检票系统及维修养护设备等。城市轨道交通设施设备系统作为一个庞大、复杂的系统，它在城市轨道交通运营的整个过程中都存在诸多安全隐患。通过学习，掌握重要设备设施的安全要求和规章，以更好地预防和处理设备事故或突发事件的发生。

模 块 自 测

1. 电客车的构成有哪些？各自的安全要求是什么？

2. 供电系统运行的管理方针都有哪些？

3. 环控系统运行管理都有哪些安全生产制度？

4. 消防系统故障分为几类？判断标准是如何规定的？

5. 屏蔽门使用时有哪些注意事项？

6. 自动售检票系统故障处理的原则是什么？

城市轨道交通安全检查

引导案例

小明在每次乘坐城市轨道交通列车时，都要接受安检。有的时候，自己忘记接受安检直接通过时，安检人员会委婉地提醒自己"您的包需要安检，请配合，谢谢！"这时，小明会想，我包里没有危险品，为什么还要检查，这样多耽误自己的时间？安检到底是要检查什么？安检机是怎样检查出违禁物品的？

本模块将介绍安检理论与实务知识，如各类危险品、违禁品的介绍，X 射线安检机，违禁品、危险品的 X 射线图像识别与分析等。

学习目标

1. 了解安检流程
2. 掌握进行安检应急处置的条件
3. 掌握危险品、违禁品、军（警）械具的概念
4. 掌握 X 射线安检机的工作原理及颜色图像的显示
5. 掌握识别 X 射线安检机图像的方法
6. 了解需要重点检查的进入城市轨道交通管控区域的乘客的类别
7. 掌握各类危险品、违禁品的 X 射线图像的基本特征

知识点一 城市轨道交通安检工作概述

城市轨道交通作为现代化城市的主要公共交通工具，因其承载能力大、快速便捷、运行有规律等优势而备受青睐，逐步成为大众出行代步的主要工具之一。城市轨道交通在满足人民群众生活需求的同时，也为犯罪嫌疑人的破坏活动和逃逸提供了便利。城市轨道交

通引入了安全检查制度以来，收缴了大量危险品和违禁品，其为轨道交通安全运营，乘客的安全出行提供了有力的保障。从国家层面看，已经颁布的《城市轨道交通公共安全防范系统工程技术规范》（GB 51151—2016）将安检正式纳入城市轨道交通安全防范体系。由此可见，安检已成为城市轨道交通公共安全的常态化工作。

一、城市轨道交通安检概述

城市轨道交通安检的基础性认知表见表5－1。

表5－1　城市轨道交通安检的基础性认知

安检概述	具体认知
安检概念	在特定的区域内，为保障广大人民群众人身安全和社会公共设施安全所采取的一种技术性检查
安检管理部门	城市轨道交通安检由公安部门监督指导，由运营单位自主开展或委托保安公司组织实施。安检工作的实施主体虽然是具有安检上岗资格的安检员，但是公安机关负有监督和业务指导的责任，因此，安检员在岗工作必须接受民警的监督、服从民警的管理
安检方式	城市轨道交通安检实行"逢包必查"的检查标准。在所有车站的进站检票闸机处设立固定的安检点是为了最大限度地确保不漏检
安检人员权力	安检人员拥有劝阻权力。城市轨道交通安检人员由相关法规赋予职责，有权对乘客携带的物品进行检查，对于不接受检查的乘客可以拒绝其进站上车，对于携带危险品、违禁品的人员依法进行劝阻，对于不听劝阻的人员可移送公安部门处理。安检人员虽无权对乘客的人身进行检查，但对于不愿接受随身包裹检查或者携带危险品强行进站不听劝阻的，可及时向车站民警报告
安检工作特点	由于安检依赖人力和设备资源的投入，其检查能力受到资源投入量的制约，在面对城市轨道交通潮汐式客流变化时，呈现安检能力小于进站客流量的特点。一些车站在高峰时段进站客流集中，平均每分钟有20余人进站，而安检最大工作能力仅为每分钟10人左右，在这样的情况下，对每名乘客携带的物品进行检查，就需要乘客排队等候安检，增加了乘客的出行时间，单纯追求安全而完全忽略通行效率，会给社会管理带来很大影响。因此，通过增加投入，进行安检技术革新以兼顾公共安全和乘客通行，平衡安检和通行效率的关系

二、城市轨道交通安检工作的任务和原则

世界各国的城市轨道交通安检，其目的都是防止各类危险品、违禁品被携带进入城市轨道交通车站、车厢。但是，由于城市轨道交通的便捷和大容量的运输特点，即使以现有的方式进行安检也很难做到完全杜绝危险品被带入城市轨道交通管控区域。英国伦敦地铁连环爆炸事件发生后，警方加强了对车站的巡逻管控，加大了对可疑人员的检查力度，但仍然在车站发生了爆炸袭击。面对无法完全杜绝携带危险品进站的问题，是不是证明了城市轨道交通的安检是无效的？是不是无法达到防止危险品、违禁品进站的目的？应该看到，城市轨道交通防范恐怖袭击的能力是有限的，安检只是轨道交通安全防范的重要手段之一，并不是全部措施。安检的主要任务是防止乘客有意或无意携带危险品进站，降低危险品被带进车站、车厢危害公共安全的风险。例如每年春节期间，部分乘客因贪图城市轨

道交通的便利，携带烟花爆竹进站的情况较为突出，易燃易爆的烟花爆竹属于重大安全隐患，在人群中容易引发安全事故，通过安检，我们在城市轨道交通车站查获了数万件鞭炮烟花，消除了一大批影响公共安全的隐患。

城市轨道交通安检工作遵循"逢疑必查、逢包必查"的原则。首先要坚持"逢疑必查"，可疑情况即和正常乘车行为不相符的可疑人员或物品，如一些企图携带危险品进站的人员总是将物品遮掩藏匿于行李和箱包内，一些乘客无意之中携带了易燃易爆等危险品或管制刀具等违禁品，个别人员出于各种目的企图使用易燃易爆危险品破坏城市轨道交通公共安全。上述情况往往表现为行为人和携带物品与正常的乘车行为不符的迹象，发现这种情况必须对其进行检查。同时，对乘客携带的行李箱包及充实饱满的较大包裹都要进行检查。安检的原则是在"逢疑必查"的基础上，"逢包必查"。

三、安检员应具备的条件

一个合格的安检员，特别是 X 射线安检机操作员，除了政治上要可靠、有无私奉献的精神、高度的责任感和细致的工作作风外，还应具备专业知识。

合格的安检员应具备的条件见表 5 - 2。

表 5 - 2　合格的安检员应具备的条件

安检员应具备的条件	具体内容
基本条件	政治上要可靠、有无私奉献的精神、高度的责任感和细致的工作作风
专业知识	（1）必须具有危险品、违禁品的相关知识。安全检查的目的就是通过各种手段检查相关人员和被检物品，发现隐蔽其中的枪支、弹药、易燃易爆物品、管制刀具和其他危险品和违禁品，这就需要我们了解这些物品，不仅要熟悉其形态、结构、性能，而且还要熟悉它们在 X 射线安检机的屏幕上所显示的图像，否则就会使危险品成为"漏网之鱼"。 （2）必须熟悉各种常见物品的形状、结构和特点。安检人员必须熟悉各种常见物品在 X 射线安检机屏幕上的图像特点及其与各类危险物品的区别，否则就可能发生两种情况：一是把许多普通的东西当成危险品，造成不必要的紧张和采取不必要的措施；二是容易把与一般物品类似的危险品当成正常的物品放过，导致严重后果。 （3）必须熟悉各类安全检查设备的性能和使用方法。安检员必须了解 X 射线安检机的基本工作原理，熟悉它的性能并掌握它的操作规范及操作注意事项，充分发挥 X 射线安检机的作用

四、安检员工作流程及操作规范

安检员工作流程见表 5 - 3。

表 5 - 3　安检员工作流程

安检流程	具体内容
岗前准备	（1）安检员上岗前应检查安检器材、设备及相关用品的齐备、完好情况，做好 X 射线安检机等设备的调试。 （2）在安检区内设置引导隔离带和人员疏导通道。 （3）相互检查仪容仪表，并填写《安全检查工作记录》。 （4）值班组长按要求对当班岗位进行布置。 （5）当班民警对安检员进行岗前训练

续表

安检流程	具体内容
安检程序	（1）安检引导岗位人员引导乘客将行李物品放置在 X 射线安检机的行李传送带上。 （2）X 射线检测岗位人员对通过 X 射线安检设备的物品进行检测排疑。如发现可疑或无法确认的物品，应告知安检开包检查岗位人员实施人工检查。 （3）安检开包检查岗位人员提取需要开包检查的箱包，请物主自动打开箱包接受检查，也可经物主同意后，实施开包检查。如排除可疑，则放行；如发现危险品、违禁品，应立即填写《危险品、违禁品登记清单》并按照规定进行进一步处理。 （4）安检员应按照规定如实填写《安全检查工作登记簿》，记录当班安检工作情况，工作记录应当存档备查
交接班	（1）岗前训示。 （2）交接班应当面检查、确认安检器材设备及相关用品的齐备、完好情况，并共同填写《安全检查工作登记簿》。 （3）交接班内容包括上级指示、问题及处理结果、设备情况、需注意事项等。交班人员在接班人员完成岗位接替后方可离岗
结束作业	（1）关闭设备。 （2）对设备进行清点，清点后妥善存放。 （3）做好当日安检工作数据统计和物品处理工作

五、安检各岗位人员操作规范

安检引导岗位，X 射线检测岗位及安检开包检查岗位在工作时间内应及时互换岗位，轮流承担相应的安检岗位职责。在客流平峰时段，安检点可设置 X 射线检测岗位和引导开包岗位各 1 人。其中，引导开包岗位人员承担引导安检、识别可疑情况和人员及对可疑物品进行开包检查的职责，其站位、用语、操作及设备使用等根据所在岗位的实际规范执行。

安检各岗位人员操作规范见表 5-4。

表 5-4　安检各岗位人员操作规范

岗位名称	操作规范
引导岗位	安检引导岗位人员负责引导乘客进行安检，识别、报告可疑情况。 （1）站位规范。无乘客进站时，站立于 X 射线安检设备主机外侧入口处适当位置，面对乘客进站方向跨立；有乘客进站时，面朝乘客转体 45°，伸手指向 X 射线安检机，示意乘客接受安检。 （2）用语规范。使用普通话，引导时说："您好，进站请安检。"查毕后说："谢谢配合，请进站。" （3）操作规范。对乘客携带的箱包，主动引导乘客至 X 射线安检机处有序接受安检，使用便携式金属探测仪对可疑人员、物品进行排疑，右手持金属探测仪上下来回 2 次。如金属探测仪发出示警信号，即用普通话告知乘客："请您接受进一步检查。"然后通知安检开包检查岗位人员进行检查（人员进行自检）

续表

岗位名称	操作规范
X射线检测岗位	（1）X射线检测岗位人员负责监视X射线安检设备显示屏幕，注意发现被检箱包中的危险品和违禁品。 （2）坐位规范。坐于X射线安检机内侧，面对显示屏幕，坐姿端正。 （3）操作规范。仔细查看X射线安检机显示屏幕，对相关颜色及形状进行识别，发现被检箱包内物品有疑点的，应通知安检开包检查岗位人员进行检查。 （4）用语规范。当发现可疑物品时，面向乘客说："对不起，请接受开包检查。"如果乘客有异议时应说："对不起，您包内有疑似危险品"等规范用语。 （5）设备使用规范。上岗、撤岗前按照X射线安检机的规范使用程序进行开启和关机操作，当班期间保持传送带清洁，发现污垢及时清除
开包检查岗位	安检开包检查岗位人员负责对可疑箱包进行开包检查。 （1）站位规范。站立于X射线安检机后的安检台的内侧末端位置，面对乘客进站方向呈立正姿势站立。 （2）用语规范。开包前，应先敬礼，并告知："对不起，请接受开包检查。"开包检查排除可疑情况后，应使用普通话说："谢谢配合，请进站。"查获危险品时，应告知："×××属于危险品，不能带进车站，请您配合。"对于拒绝配合的乘客，应告知："携带危险品进站乘车属于违法行为，将承担法律责任。"对于劝阻无效的，应及时报告车站执勤民警到场处置。 （3）操作规范。开包检查时，受检本人应在现场，安检人员按照"看、问、查、谢"四步骤进行操作。开包检查时，安检员要仔细查验箱包的底部、角部和内外侧兜袋，注意检查有无夹层；发现可疑液体应使用液体探测仪进行检测；发现可疑粉末状物品及不明固体时应使用爆炸物探测仪进行检测；开包检查后应重新通过X射线安检机检查。 （4）设备使用规范。上岗、撤岗前应按照液体探测仪、爆炸物探测仪的规范使用程序进行开启和关机操作

六、安检工作应急处置

安检员在工作中遇到以下三种情况要及时使用通信电台向车站民警报告，请民警到场处理：一是查获武器弹药、爆炸物品、军用物品、警用物品和上述物品的仿制品，以及有毒、有害物品时，要及时向车站民警报告，并留住携带危险品的乘客，待民警到场后及时将案件移交民警处理；二是乘客暴力冲闯安检、不听安检员劝阻时，要及时向民警报告，请求民警到场处理；三是在安检工作中，发生安检纠纷或有违法犯罪迹象及重大情况的，要及时向民警报告，由公安部门对涉嫌违法犯罪的人员开展调查。

安检员开展正常的安检工作，是得到公安部门的保护和支持的。在突发情况下，安检员应当听从车站民警的指挥，按照突发事件处置预案，赶赴指定地点开展客流疏导及各类抢险救援工作。从该角度来看，车站安检员属于车站应急处置预备力量，在平时要按照要求积极开展应急处置演练，做到每个人都熟悉应急处置的岗位任务和要求，确保一旦发生突发事件，能够迅速停止安检，立即转化为抢险救援的专门力量，接受民警指挥，减少人员伤亡和损失。

知识点二　城市轨道交通安检基础知识

一、危险品、违禁品的分类

为了保障城市轨道交通安全运营，根据有关法律法规、通告和规定，禁止乘客携带的物品见表5-5。

表5-5　禁止乘客携带的物品

禁带物品	具体内容
危险品	（1）易燃品，包括汽油、煤油、柴油、机油、油漆、液化气（罐）、乙醇、瓦斯罐及家庭装修用的胶类液体。 （2）易爆品，包括炸药、爆炸装置、雷管、鞭炮、子弹、丁烷气、充气气球等。 （3）腐蚀性物品，包括硫酸、硝酸、盐酸、过氧化氢等。 （4）有毒物品，包括氢化物、砒霜、农药、敌敌畏、二甲苯、剧毒化学品等。 （5）包装完好的53°以上（含53°）高度白酒限带2瓶（1 000 mL）。 （6）发胶、啫喱水、摩丝等喷雾类化妆品限带2件
违禁品	（1）管制刀具，包括匕首、三棱刀、弹簧刀（跳刀）及其他种类的单刃、双刃、三棱尖刀等。 （2）枪械。包括制式枪、仿真枪、自制枪等。 （3）爆炸物品。包括炸药、雷管、弹药、手榴弹等。 （4）军（警）械具包括电击器、警棍、手铐、警绳及上述物品的仿制品

易燃品、腐蚀性物品和有毒物的介绍见表5-6。

表5-6　易燃品、腐蚀性物品和有毒物的介绍

类别	名字	介绍
易燃品	汽油	汽油为透明液体，具有特殊气味，极易燃烧。其蒸气与空气混合可形成爆炸性混合物，遇明火、高热极易燃烧爆炸，与氧化剂能发生强烈反应。其蒸气比空气重，能在较低处扩散到相当远的地方，遇明火会引着回燃
	柴油	柴油是石油提炼后的一种油质产物。它由不同的碳氢化合物混合组成，主要成分是含10到22个碳原子的链烷、环烷或芳烃。柴油的化学和物理特性位于汽油和重油之间，沸点在180～390 ℃（轻等油）及350～410 ℃（重等油），密度为0.82～0.845 kg/L
	煤油	煤油是轻质石油产品的一类，由天然石油或人造石油经分馏或裂化而得，单称"煤油"一般指照明煤油，又称灯用煤油和灯油，也称"火油"，俗称"洋油"，粤语也称"火水"
	喷雾剂	喷雾剂是指用压缩空气或惰性气体作为动力，以非金属喷雾器将药液喷出的剂型。其以压缩空气作为动力，喷出的微粒大小在20～60 pm，当人体吸入后能达到末端支气管；以惰性气体作为动力喷出的微粒大小在10 pm以下，吸入后可达到肺部深处。超声雾化器，其雾粒在5 pm以下的占多数，吸入后能达到细支气管和肺泡内

续表

类别	名字	介绍
易燃品	乙醇	乙醇俗称酒精，常温、常压下是一种易燃、易挥发的无色透明液体，它的水溶液具有特殊的、令人愉快的香味，并略带刺激性。乙醇的用途很广，可用来制造醋酸、饮料、香精、染料、燃料等。医疗上也常用体积分数为 70% ~ 75% 的乙醇作为消毒剂等
	油漆	油漆是以植物油为主要原料的涂料。一般来讲，油漆就是能涂覆在被涂物体表面并能形成牢固附着的连续薄膜的材料，它是能起到保护、装饰、标志和其他特殊用途的化学混合物。油漆分为水性漆和有机溶剂型涂料两种，而产生污染的主要是有机溶剂型涂料
	丁烷	丁烷是两种有相同分子式的烷烃碳氢化合物的统称，包括正丁烷和异丁烷。丁烷是一种易燃、无色、容易被液化的气体，是发展石油化工、生产有机原料的重要原料
腐蚀性物品	硫酸	硫酸是一种无色无味的液体，是一种高沸点、难挥发的强酸，其易溶于水，能以任意比例与水混溶。硫酸是化学工业中的重要产品之一，它不仅是许多化工产品的原料，而且还广泛地应用于其他的国民经济领域
	盐酸	盐酸，学名氢氯酸，是一种强酸。浓盐酸具有极强的挥发性，因此盛有浓盐酸的容器打开后能在上方看见酸雾，那是氯化氢挥发后与空气中的水蒸气结合产生的盐酸小液滴。盐酸是一种常见的化学品，一般情况下，浓盐酸中氯化氢的质量分数在 38% 左右
	硝酸	硝酸是一种具有强氧化性、强腐蚀性的无机酸。硝酸的酸性较硫酸和盐酸小，易溶于水，在水中完全电离，常温下其稀溶液无色透明，浓溶液显棕色。硝酸不稳定，易见光分解，应存放在棕色瓶中于阴暗处避光保存，严禁与还原剂接触
	过氧化氢	过氧化氢溶液的水溶液俗称双氧水，其外观为无色透明液体，是一种强氧化剂，适用于伤口消毒及环境、食品消毒
有毒物	氢化物	氢化物是氢与其他元素形成的二元化合物。一般科学技术工作中总是把氢同金属的二元化合物称为氢化物，而把氢同非金属的二元化合物称某化氢
	砒霜	三氧化二砷，俗称砒霜，砒霜也是最古老的毒物之一，无臭、无味，外观为白色霜状粉末
	农药	农药是为了保障和促进农作物成长，用来杀灭昆虫、真菌和其他危害作物生长的药剂
	二甲苯	二甲苯为无色透明液体，毒性中等，有一定致癌性。二甲苯的污染主要来自合成纤维、塑料、燃料、橡胶，各种涂料的添加剂及各种胶粘剂和防水材料中，还可来自燃料和烟叶的燃烧气
	剧毒化学品	剧毒化学品是指按照国务院安全生产监督管理部门会同国务院公安、环保、卫生、质检、交通部门确定并公布的剧毒化学品目录中的化学品。一般是具有非常剧烈毒性危害的化学品，包括人工合成的化学品及其混合物（含农药）及天然毒素

管制刀具的结构如图 5-1 所示。

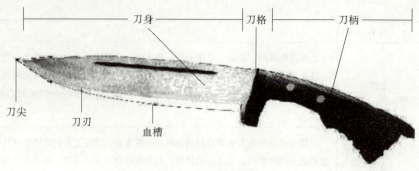

图 5 – 1　管制刀具的结构

管制刀具的种类见表 5 – 7。

表 5 – 7　管制刀具的种类

图片	种类
	匕首：带有刀柄、刀格和血槽，刀尖角度小于 60°的单刃、双刃或多刃尖刀
	三棱刮刀：具有三个刀刃的机械加工用刀具
	带有自锁装置的弹簧刀（跳刀）：刀身展开或弹出后，可被刀柄内的弹簧或卡锁固定自锁的折叠刀具
尖角角度大于 60°　长 220 mm	其他刀尖角度大于 60°，刀身长度超过 220 mm 的各类单刃、双刃和多刃刀具
尖角角度小于 60°　长 150 mm	其他相类似的单刃、双刃、三棱尖刀：刀尖角度小于 60°，刀身长度超过 150 mm 的各类单刃、双刃和多刃刀具

二、安检设施设备

在城市轨道交通安检工作中，经常使用一些安检设施设备，常见的安检设施设备如图 5 – 2 所示。

安检提示牌

安检灯箱（大）

危险品回收箱

便携式液体探测仪

安检灯箱（小）

X射线安检机

手台（对讲机）

台式液体检测仪

安检篮

安检台

防爆探测仪

图 5-2　常见的安检设施设备

三、必检类物品

在城市轨道交通安检工作中，以下物品必检：各类箱包、包袋、大容量容器和可疑物品。其中，可疑物品包括有明显刺激性气味的物品、涉恐宣传品、管制刀具等。

1. "上机"必检物品

"上机"指进入 X 射线安检机检查。"上机"必检物品包括各种箱、包、袋。安检员应对表 5-8 中的各种箱包进行上机检查。

表 5-8　"上机"必检的各种箱包

编织袋

麻袋

垃圾袋

续表

登山包	旅游包	拉杆箱（大、中、小）
单肩包（大）	双肩包	拎包（大）
涂塑包袋	无纺布包袋	纸板箱（大）
托特包	邮差包	购物袋
休闲包	降落伞布包	挎包

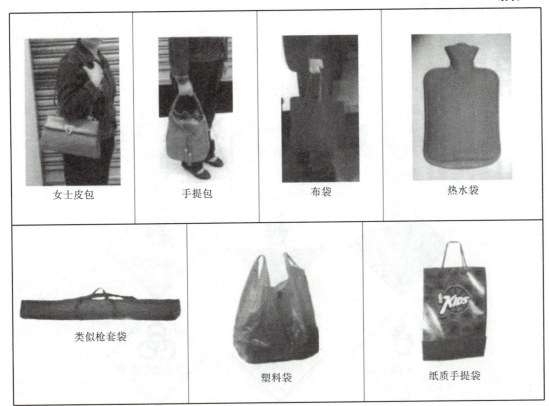

2. 人工必检物品

1）开过封的饮料瓶或食用油大瓶

各类开过封的饮料瓶或食用油瓶（见图 5 – 3）除上机检查外，还必须进行人工检查。

图 5 – 3　各类开过封的饮料瓶或食用油瓶

2）各种不透明的瓶装物品

各种不透明的瓶装物品除上机检查外，还必须进行人工检查。

四、严禁携带物品

1. 具有易燃、易爆、放射性、剧毒品标志的物品是严禁携带的

严禁携带物品标志如图5－4所示。

图5－4　严禁携带物品标志

2. 烟花爆竹

烟花爆竹如图5－5所示。

图5－5　烟花爆竹

3. 易燃、腐蚀、剧毒等物品

各种易燃、腐蚀、剧毒等物品如图 5-6 所示。

（a）各种瓶装酒精

（b）敌敌畏

（c）硫酸

（d）盐酸

（e）松香水

（f）打火机油

（g）墙面漆

（h）强力胶

（i）云石胶

（j）油漆

图 5-6　各种易燃、腐蚀、剧毒等物品

4. 建筑材料、压力罐类物品

建筑材料、压力罐类物品如图 5-7 所示。

5. 刀棍类物品

刀棍类物品如图 5-8 所示。

6. 仿真枪、子弹

仿真枪、子弹如图 5-9 所示。

PVC管黏合剂

自来水管黏合剂

涂料桶

软硅胶

卡式炉气罐-1

卡式炉气罐-2

气压钢瓶

汽油桶

制冷剂钢瓶

自动喷漆罐

泡沫清洗剂

喷雾剂

填缝剂

发泡剂

图5-7　建筑材料、压力罐类物品

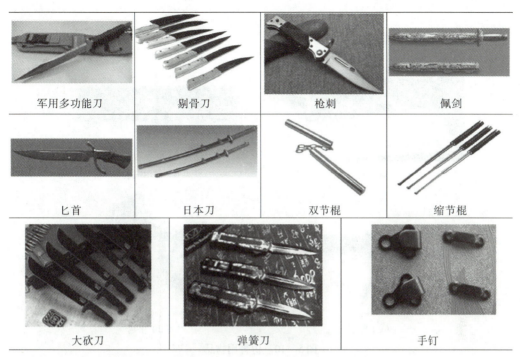

军用多功能刀	剔骨刀	枪刺	佩剑
匕首	日本刀	双节棍	缩节棍
大砍刀	弹簧刀	手钉	

图 5 – 8　刀棍类物品

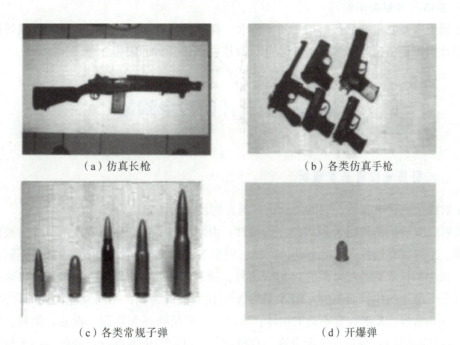

（a）仿真长枪　　　　　　　　　（b）各类仿真手枪

（c）各类常规子弹　　　　　　　　（d）开爆弹

图 5 – 9　仿真枪、子弹

7. 仿警用物品

仿警用物品如图 5 – 10 所示。

（a）高压电击电筒

（b）催泪喷射器

（c）警棍

（d）手铐

图 5 - 10　仿警用物品

8. 生活类限量携带物品

生活类限量携带物品包括指甲油、香水、高度白酒等物品。其中，压缩气罐等同种类物品累计携带不得超过 2 件或 1 000 mL，高度白酒未开封的限带 2 瓶。

知识点三　X 射线安检机

一、X 射线安检机基本知识

X 射线是一种电磁波，它的波长比可见光的波长短，穿透力强。

X 射线安检机是利用 X 射线的穿透特性，由射线发生器产生一束扇形窄线对被检物进行扫描。X 射线穿过传送带上移动的物品，根据 X 射线对不同物质的穿透能力不同，发生衰减，探测器接收到经过衰减的 X 射线信号，通过信号处理，转变为图像显示出来。

以公安部下属单位研制的 CMEX 系列 X 射线安检机为例，不同颜色代表的含义如下：红色——非常厚，X 射线穿不透的物体；橙色——有机物（如炸药、毒品、塑料，原子序数 10 以内的物质）；绿色——混合物，有机物与无机物的重叠部分；蓝色——无机物，重金属（原子序数大于 10 的物质）。

二、X 射线图像识别遇到的问题及处理方法

X 射线图像识别遇到的问题及处理方法见表 5 - 9。

表 5–9 X 射线图像识别遇到的问题及处理方法

X 射线图像识别遇到的问题	处理方法
图像模糊不清无法判断物品性质的	可换角度重新放置箱包
发现疑似有电池、导线、钟表、粉末状、块状、液体状、枪弹状物及其他可疑物品的	应采用综合分析和重点分析等方法
发现有容器、仪表、瓷器等物品	应在利用功能键辅助分析的情况下进一步识别，如不能确定性质，应开包检查
照相机，收音机，录音、录像机及电子计算机等电器的检查	应仔细分析被检物内部结构是否存在异常，如存在异常或不能判明物质的性质，应开包检查
如遇受检人员声明不能用 X 射线安检机检查的物品	应按照相应规定或情况处理。在了解情况后，可以采用 X 射线安检机进行检查时，应仔细分析物品的内部结构是否存在异常，确实不能使用 X 射线安检机进行检查的物品，按规定进行相应处理

三、识别 X 射线图像的主要方法

识别 X 射线图像的主要方法见表 5–10。

表 5–10 识别 X 射线图像的主要方法

识别方法	具体内容
整体判读法	从中间到四周对整幅图像进行判读。观察图像的每个细节，判读图像中的物品是否相联系，有无电源、导线、定时装置、起爆装置和可疑物品
颜色分析法	根据 X 射线安检机对物质颜色的定义，通过图像呈现的颜色来判断物体的性质
形状分析法	通过图像中物体的轮廓判断物体。有些物品 X 射线穿不透，但轮廓清晰，可直接判断其性质
功能键分析法	充分利用功能键的分析功能对图像进行综合分析比较。反转键有利于看清颜色较浅物的轮廓，有机物、无机物剔除键有利于判断物品的性质
重点分析法	抓住图像中难以判明性质、射线穿不透的物体和有疑点的地方重点分析，此法主要针对液体、配件、电子产品的检查
对称分析法	根据图像中箱包结构特点找对称点，此法主要针对箱包结构中不对称的点状物体或线状物体进行分析比较，发现可疑物体

四、违禁品、危险品的 X 射线图像识别与分析

1. 枪支弹药、警用物品 X 射线图像的基本特征

（1）制式枪支具有特有的外形特征，其材料往往是钢等密度较大的金属，因此，除个别部位外，其在 X 射线安检机显示器上显示的图像往往是 X 射线难以透过的红色甚至黑色。由于其弹匣部分的金属较薄，故显示的是蓝绿色，但是，由于枪支在包裹中放置角度的关系，其在 X 射线安检机显示器中的图像会发生变形，这就要求安检员一定要善于总结经验。

（2）子弹在图像中，一般呈暗红色，弹壳一般呈黄色。在判读子弹时，可按图像增强键，寻找图像最黑点，再综合其外观结构特点便可判别。若子弹平放时，呈一个暗红色圆点。901钢珠防暴弹呈短粗圆柱形，一头稍粗。正放时整个图像呈红色粗长条形，中部颜色稍深，按下图像增强键隐约可见中部钢粒及尾部触点。

（3）军（警）用品一般包括电击器、催泪器、警绳、手铐等物品。

①电击器。电击器的电源（电池）、升压装置（变压线圈电容）、电击点（如两个或三个触头，或是金属圆环）在图像中均呈暗红色，要注意把握其基本的结构特征，注意与一些小件电器如收音机、电动剃须刀等进行区分。

②催泪器。由于内装物不同，不同催泪器在X射线安检机显示器上分别显示为黄色或绿色，催泪器瓶口中心有金属喷头。

③警绳。警绳的外形与普通的绳子差异不大，主要是多了便于捆扎的固定金属环扣，在X射线安检机图像中可留意这一特征。

④手铐。手铐的外形特征比较容易识别，由于其常用硬质合金制成，在X射线安检机图像中X射线难以穿透时显示红色，但要注意手铐在行李中不同放置位置而引起的显示图像的变形。

2. 管制刀具X射线图像的基本特征

管制刀具一般由刀刃和刀柄所组成，有时还有刀鞘。由于这三个部分材质不同，所以在X射线安检机显示器上的图像有差异。

刀刃一般由金属制成，因其厚度和密度不同，金属较薄或低密度时呈蓝色，较厚或密度较高时呈红色或黑色。

刀柄部分由于一般采用有机材料如木材、塑料等制成，所以在X射线安检机显示图像中呈深浅不一的橘黄色。刀鞘部分根据不同材质也呈不同颜色。

在对管制刀具进行识别时应注意，由于刀具在包内放置的角度不同，其在显示图像上有较大差异。特别是当刀具位于包的底部、刀刃与X射线平行时，其在显示图像上是一条黑线或呈蓝绿色的线。这时可把包转一个方向再通过X射线安检机，也可直接开包检查。

3. 易燃液体X射线图像的基本特征

识别易燃液体，一般是观察在X射线安检机中所显示的图像内有没有盛装液体的容器，如有则应进一步观察其所装的液体量是否正常。应特别注意的是，容器内的液体是否过满或过少，这时就要怀疑其中所装的液体是不是该容器原本所装的液体。如果显示图像中该容器内的液体显示的是有机物，呈橘黄色，这时就必须通过开包检查来确定该液体是否属于易燃液体。

4. 腐蚀性物品识别

一般是对发现的可疑化学物品进行询问以了解情况。同时通过品名和性能标志及相关的证明文件来判别可疑物品是否属于腐蚀性物品。

5. 有毒物品的识别

一般可以通过对所查获的装有可疑化学物品的容器进行询问，同时注意被问者的表情是否自然来判断。另外，还可通过品名和性能标志及相关的证明文件来识别其是否为有毒物品。

6. 典型违禁品图像说明

1）刀具、枪械和雷管

刀枪等物品的主体是金属，属于无机物，故在X射线图像中呈蓝色。需要注意的是，当刀枪竖立时，将变成蓝色直线或蓝色条块。X 射线安检机的穿透力是有限的，若在厚重金属下面藏匿物品，则其图像不容易被发现，所以当图像显示大面积深蓝色或者红色区域时，一定要开包检查。

2）鞭炮

鞭炮等物品的外包装是纸，是有机物，又因为较薄，所以在 X 射线图像中呈浅橙色，中间是火药（硝、炭、磷等），是混合物，所以在 X 射线图像中呈绿色。注意，除了鞭炮类物品，当发现一个规则形状的物体，在 X 射线图像中呈现均匀的绿色时一定要开包检查。

3）压力容器罐或喷雾罐

颜色：压力容器罐一般外壳都是金属的，又因为较薄，所以在 X 射线图像中呈浅蓝色；罐内的液体或者气液混合物在 X 射线图像中呈橙色；当两者比较均匀地混合叠加时在 X 射线图像中呈混合物的显示颜色——绿色。

压力容器罐或喷雾罐的显示图像形状特征：①底部有凹槽；②前段是层次分明的蓝色圆环；③有无尖嘴（有则可能是打火机充气管，无则可能是空气清新剂等喷雾罐）。

4）外包装软塑料

摩丝、饮料等物品的外包装是软塑料，在 X 射线图像中呈橙色，因液体也呈橙色，故整体还是橙色；有的摩丝罐是铝制（铝是一类特殊的金属，其显示图像呈橙色），故即使外包装是金属铝，里面装有液体时，整体还是呈橙色，如易拉罐可乐、啤酒等。

液体类物品在 X 射线图像中呈橙色，如酒精、汽油等。水、酒精、汽油等在 X 射线安检机的显示图像上是不能区别的，只能开包后根据气味、颜色等来识别。

5）炸药和打火机

在 X 射线图像中，中间橙色被线环绕的物体可能为炸药，要想发挥爆炸威力，必须有雷管引爆，因此必然有深蓝色导管插入橙色物品内。故当行包内有橙色物品，内有深蓝色导管，且有蓝色线缠绕的情况时，一定要引起高度警惕。

7. 图像呈现形状的变化示例

箱包横放或竖放入 X 射线安检机通道时，物品图像呈现的形状是有变化的，例如，不同放置方向导致溶气罐的凹槽显示为椭圆形或月牙状；煤油罐前端和后端的变化也都非常明显。

8. 危险品与违禁品在 X 射线图像上显示的形态示例

枪在 X 射线安检机上显示的形态如图 5-11 所示。

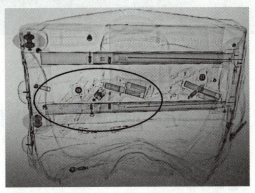

图 5-11　枪在 X 射线安检机上显示的形态

电击棍的显示形态如图 5 – 12 所示。

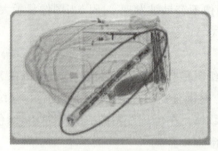

图 5 – 12　电击棍的显示形态

压力罐的显示形态如图 5 – 13 所示。

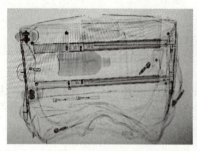

（a）煤油罐的显示形态　　　　（b）充气罐的显示形态

图 5 – 13　压力罐的显示形态

爆炸物的显示形态如图 5 – 14 所示。

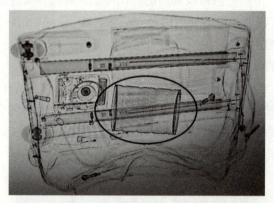

图 5 – 14　爆炸物的显示形态

知识点四　各类事件的应急处置措施

一、发生爆炸时的应急响应措施

（1）迅速反应，及时报告，密切配合，全力以赴疏散乘客、排除险情，以尽快恢复运营。

（2）城市轨道交通运营企业应针对列车、车站、城市轨道交通主变电站、城市轨道交通控制中心，以及城市轨道交通车辆段等重点防范部位制订防爆措施。

（3）城市轨道交通内发现的爆炸物品、可疑物品应由专业人员进行排除，任何非专业人员不得随意触动，而应及时报警、迅速撤离并协助警方调查。

（4）城市轨道交通爆炸案件一旦发生，市级城市轨道交通主管部门应立即报告当地公安部门、消防部门和卫生部门，组织开展调查处理和应急工作。

（5）城市轨道交通突发事件应急机构接到爆炸报告后，应立即组织启动相应的应急预案。

（6）为防止连环爆炸，对周围有易燃、易爆物品的现场应采取有效的防范措施，迅速搬走易燃、易爆物品，防止发生连环爆炸事故。

（7）注意把握撤离时机，避免不应有的牺牲。

二、发生毒气袭击时的应急处置

1. 处置原则

接到毒气事故报警后，必须携带足够的氧气、空气呼吸器及其他特种防毒器具，并为救援人员提供个人防护装备保障。在救援的同时应迅速查明毒源，划定警戒区域，遵循"救人第一"的原则，积极抢救已中毒人员，疏散受毒气威胁的群众。

2. 处置措施

大多数的毒气事故发生后必须及时进行洗消，洗消流程如下。

（1）控制污染源，及时消除污染。控制措施越早实施受污染面积越小。直接对泄漏点或泄漏部位洗消，构成空间除污网。

（2）确定污染范围。做好事故现场的应急监测，及时查明泄漏源的种类、数量和扩散区域，明确污染边界，确定洗消量。

（3）严防污染扩散。对毒气事故的污染清除，要充分发挥企业救援体系的作用，采取有效措施防止污染扩散。常用的防扩散方法有四种。

①堵。截断有毒物质外流，阻断污染源。

②撒。可用具有中和作用的酸性和碱性粉末抛撒在泄漏地点的周围，使之发生中和反应，降低危害程度。

③喷。用酸碱中和原理，将稀碱（酸）喷洒在泄漏部位，形成隔离区域。

④稀。利用大量的水对污染物进行稀释，以降低污染浓度。

3. 污染洗消

利用喷洒洗消液、抛撒粉状消毒剂等方式消除毒气污染。一般在毒气事故救援现场可采用三种洗消方式。

（1）源头洗消。在事故发生初期，对事故发生点进行洗消，将污染源严密控制在最小范围内。

（2）隔离洗消。当污染蔓延时，对下风方向暴露的建筑物喷洒洗消液，抛撒粉状消毒剂，形成保护层，污染降落物、流经时即可产生反应，减低甚至消除危害。

（3）延伸洗消。在控制住污染源后，从事故发生地开始向下风方向对污染区逐步推进全面而彻底的洗消。

三、抢劫事件应急处置措施

抢劫犯罪是危害性较大的刑事犯罪，对付各种抢劫犯罪应采取以下措施。

（1）坚决制止抢劫犯罪，抓获、押送抢劫犯罪嫌疑人。

（2）遇有抢劫特定目标的犯罪行为，相关安检人员可根据实际情况采取多种措施制止抢劫犯罪，如迅速关闭大门，封闭通道，切断控制开关电源，也可果断制服犯罪嫌疑人。

（3）抢劫犯罪是重大的暴力犯罪，刑法对此种犯罪的正当防卫规定不同于一般犯罪，保安人员应坚决与抢劫犯罪做斗争。

（4）及时报警。相关安检人员由于受到法律规定、武器装备等方面的限制，对付抢劫犯罪的能力是有限的。因此，一旦发生抢劫犯罪，要及时报警。重要的守护目标应制订防抢劫预案，并设置方便有效的警报装置，相关安检人员可按预案报警。如果由于现场条件限制，相关安检人员不能立即报警的，则应根据实际情况寻找时机灵活地报警。

（5）沉着机智，灵活处置。抢劫犯罪的手段具有较大的威胁性，且多种多样。因此，相关安检人员遇有抢劫犯罪时应沉着机智，最大限度地减少人身伤亡和财产损失。如果犯罪分子人数较多，或持枪，或持爆炸物等抢劫的，即当相关安检人员处于劣势的情况下，不要惊慌且不可硬拼，要注意把握时机制服犯罪嫌疑人，或在伺机报警后牵制犯罪嫌疑人。

（6）保护现场，提供线索。无论抢劫犯罪嫌疑人是逃离现场，还是被抓获，相关安检人员都应保护好现场，为侦破案件创造条件。相关安检人员在与犯罪嫌疑人周旋、搏斗的过程中，要注意收集信息，事后应向公安机关提供这些信息，为侦查工作提供线索。

四、打架斗殴事件应急处置措施

打架斗殴事件是指因为某种原因导致双方产生矛盾，进而相互殴打的事件。人们在日常的生活、学习、工作、娱乐等活动中，不可避免地会产生一些摩擦、误会、矛盾等，要正确认识此类事件隐含的危险因素。日常生活中发生的许多刑事案件，就是由于此类事件没能得到合理处理而演变的结果。

由于此类事件多由情绪激动因素引发，突发性强，事态发展迅速，所以在处理时有一定的难度，一定要公正、公平，切忌偏袒一方，否则会使事件进一步恶化。

（1）迅速隔离发生矛盾的双方，控制事态进一步发展。打架斗殴事件发生过程中，矛盾双方扭打在一起，或形成剑拔弩张的对峙局面，或赤手空拳，或手持器具。面对这种情况，相关安检人员应机智地采取措施，将矛盾双方隔离开来，及时中断双方的斗殴与对峙，有效防止双方情绪的进一步激化，从而控制斗殴事件的进一步发展。

（2）疏导围观群众，为平复双方的情绪创造环境。打架斗殴事件如果发生在人群聚集的场合，周围群众在好奇心的趋势下会在短时间内将斗殴双方围起来，静观事态进一步发展，甚至有少数人在一旁煽风点火，使双方矛盾更加激化，所以，要及时疏导围观群众，淡化现场的紧张气氛，使双方的对立情绪迅速冷静下来。

（3）查明原因，分析利害。要教育矛盾双方正确认识和解决彼此间的摩擦。通过调查了解，基本弄清双方产生矛盾的具体原因。通过实例，分析打架斗殴行为的利害，使双方认识到自己的行为将会给个人、家庭、社会带来不良的影响，从而使其在思想上认识自己错误的严重性，达到相互谅解，化解矛盾的目的。

（4）冷处理方式。对于有些斗殴事件还可用冷处理方式来解决，特别对于那些斗殴情

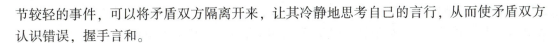

节较轻的事件，可以将矛盾双方隔离开来，让其冷静地思考自己的言行，从而使矛盾双方认识错误，握手言和。

五、对精神病病人的应急处置措施

（1）对精神病病人的一般处置。对在城市轨道交通站点巡逻中遇到的一般性精神病病人，首先要防止其行为对周围人和物的侵害，通过一定方式将其合法化地监护起来，并及时与有关部门取得联系，寻找其监护人将其领回。在此期间要注意关心精神病病人的生活，为其提供一定的饮食或休息场所，尽量引导其配合工作。

（2）对公共场所精神病病人的处置。在公共场所内出现的正在发病的精神病病人，极易引起围观，会影响正常的工作秩序。此时，应及时疏散群众，将精神病病人引领到单独处所，然后想办法与其监护人或其他社会福利部门取得联系，由他们将其领回或对其进行社会救助。

对"武疯子"的处置。对于在责任区内发生伤人毁物行为的精神病病人，要立即采取有效措施制止其侵害行为的继续发展，并及时疏散围观群众，采取合理的办法将精神病病人约束起来。设法尽快与其监护人取得联系，同时将此情况通报公安机关，以便对精神病病人进一步进行约束和保护，并依据其行为可能造成的后果，追究其监护人的责任，以防止类似事件再次发生。

六、对扒窃事件的观察和识别

扒窃事件大多发生在人员比较集中的公共场所，扒手的目标是窃取群众随身携带的钱财或者顺手拎包等。可从以下三个方面观察和识别扒手。

1. 观察眼神

看对方的眼色神态。尽管扒手在衣着方面已经进行了种种伪装，混于人群中，但扒手的眼神和正常人不一样，扒手既要寻找作案目标，又要躲避打击，所以他们的眼神游离不定，眼睛始终盯着他人的衣兜、包裹，作案得逞后，常常侧目不视。

2. 观察行为

越是节假日，越是人多的场合，就越应警惕扒手作案。为寻找目标，他们不时用手触摸过往行人的衣兜。在城市轨道交通列车上，他们习惯在车门处使劲向上挤，但又不上车；有时卡在车门处不上不下，尝试用手背和手指接触上下车乘客的衣兜和拎包；在上车之后，他们不往车厢里人少的地方站或坐，专门往人多处挤，用手或胳膊触摸别人的衣兜；有的在列车行驶过程中，身体不是随着惯性作用前后左右晃动，而是逆方向把身体倒向乘客身上，借机进行试探。

3. 观察动作

扒手动手作案时，一般借车体运行的晃动或乘客拥挤的机会，紧贴被窃对象的身体，利用物品、他人或同伙做掩护，用手拿提包、衣服、书报等工具挡住被窃对象的视线，作案得逞后，急忙逃离现场。

七、应对新型恐怖威胁

近年来，针对城市轨道交通的恐怖袭击和极端暴力犯罪事件屡有发生，例如，2003 年

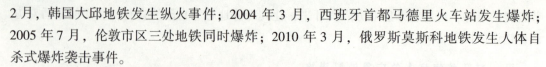

2月，韩国大邱地铁发生纵火事件；2004年3月，西班牙首都马德里火车站发生爆炸；2005年7月，伦敦市区三处地铁同时爆炸；2010年3月，俄罗斯莫斯科地铁发生人体自杀式爆炸袭击事件。

城市轨道交通由于空间封闭，旅客流量大，遭到恐怖袭击后更容易造成灾难性后果，并且高密度人流与车站开放的特性又决定了在城市轨道交通实施安全防范工作的困难性。因此，城市轨道交通已成为恐怖分子袭击的首选目标。

城市轨道交通面临的恐怖袭击手段不断发生变化，在防范传统恐怖威胁形式的同时，更需关注隐蔽性更强、破坏力更大、制作更简单的新型恐怖威胁。

1. 新型恐怖威胁的种类

液态危险品。液态危险品主要指使用过氧化氢制作的爆炸物，汽油和丙酮等易燃液态危险品，因无特定形状特征，又可以将主要制作原材料分开携带并在现场制作引爆，几乎无法利用传统安检技术进行防范。

胶状和粉末状爆炸物。这些爆炸物很难与肥皂、糖等日常用品区分，隐蔽性更强，传统安检技术难以检测识别。

"脏弹"。"脏弹"指将爆炸装置与放射性物质混合使用，引爆后放射性物质可对爆炸现场造成长期辐射影响，很难清理。

2. 应对新型恐怖威胁的相关技术解决方案

综合应用X射线成像、计算机断层扫描、痕量爆炸物离子迁移谱分析、金属探测和放射性物质监测等先进安检技术，有效防范爆炸物与武器、易燃、易腐蚀物品和放射性物质等各类危险违禁品，有力震慑恐怖、极端分子。

实时采集、存储和处理旅客及其随身携带行李的相关X射线图像、视频监控等信息，发生安全威胁事件后可供调查分析取用。

采取普检与精检相结合的安检模式，以及开包复验工作站等技术手段和措施，提高安检工作效率，改善安检工作质量。

兼顾城市轨道交通公共服务特性和安全出行需求，充分考虑各地区安检目标和安检标准的差异性，支持灵活的产品配置，提供可调的安检级别和灵敏度设置。注重安检解决方案设计的人性化需求，优先选择非侵入式安检方式。

3. 应对新型恐怖威胁的主要安检技术应用

（1）通道式X射线检查技术。传统通道式X射线安检手段主要用于爆炸物与武器、管制器具等危险品、违禁品检测。

（2）计算机断层扫描成像技术。该技术能够自动识别易燃、易爆、易腐蚀性危险液体，以及用于制作液体爆炸物的主要液体组成成分。

（3）痕量爆炸物探测技术。该技术能够自动检测行包和粉末状、胶状嫌疑物品是否存在痕量爆炸物，并鉴别爆炸物种类。

（4）金属探测技术。传统人身安检手段，主要用于金属材料武器和管制器具等危险品、违禁品检测。

（5）放射性物质监测技术。该技术主要用于"脏弹"等放射性物质材料自动监测和核素识别。

模 块 评 价

根据以上学习内容，评价自己对相关知识与技能的掌握程度，在相应空格打"√"。

评价内容	差	合格	良好	优秀
对城市轨道安检工作的概念和特点的掌握程度				
对安检人员应具备的条件的掌握程度				
对安检人员的工作流程和规范的掌握程度				
对危险品和违禁品的识别程度				
学习中存在的问题或感悟				

模 块 训 练

训练目的：使学生掌握成为一名合格的安检员应具备的知识和能力。

训练方法：多查阅相关资料，细致观察城市轨道交通车站安检工作。

模 块 小 结

本模块介绍了城市轨道交通安全检查的特点，安检员的职责要求，安全检查基础知识，安检员专业技能，城市轨道交通安检突发事件应急处置方法等内容。通过本模块的学习，学生可了解成为一名合格的安检员应具备的条件和需要学习的知识。

模 块 自 测

1. 城市轨道交通安全检查工作的任务、原则和特点是什么？

2. 一个合格的安检员应具备哪些条件？

3. 在遇到抢劫事件时，应如何处置？

模块六

城市轨道交通消防安全

情境导入

　　韩国时间 2003 年 2 月 18 日上午 9 时 55 分左右，1079 次城市轨道交通列车在釜山市中央路车站停车后，3 号车厢的男子金大汉点燃纸盒，车厢起火。此时，1080 次列车正好驶入对面站台，火势蔓延到了 1080 次列车的 6 节车厢中。

　　调度中心采取了断电措施，车站内一片黑暗，车站中的乘客都争相逃离这"人间地狱"。断电不仅导致了照明系统无法运行，也导致很多列车车厢门无法打开，很多人被烧死或因浓烟窒息而死。大邱城市轨道交通火灾最终造成了死亡 198 人，受伤 147 人的严重后果。因为这场火灾，大邱城市轨道交通停运 8 个多月，韩国城市轨道交通客运量急剧下降。

学习目标

1. 掌握动火作业管理要求
2. 掌握火灾的分类、防火基本知识、灭火基本知识
3. 会使用灭火器、消火栓
4. 会进行气体灭火系统、火灾报警系统的操作
5. 掌握城市轨道交通火灾的自救与逃生
6. 掌握城市轨道交通火灾疏散的方法

知识点一　城市轨道交通运营消防安全概述

一、城市轨道交通运营火灾特点

城市轨道交通列车大部分运行于车站和隧道构成的相对封闭空间内，人和设备高度密

集。在这种特殊的环境中，火灾事故的危害是极其严重的。

城市轨道交通火灾的特点见表6-1。

表6-1　城市轨道交通火灾的特点

火灾特点	具体解释
浓烟集聚、高温	城市轨道交通系统发生火灾时产生的烟、热不易排除，积聚的热量会使城市轨道交通系统内的空气温度迅速升高，空气出现全面燃烧现象
疏散困难	（1）乘客在紧急情况下容易发生惊慌，不辨方向，不顾疏导，造成混乱，影响疏散效果。 （2）烟气对人的眼睛、喉咙、气管有刺激作用，增加了人们的恐惧心理，影响人们的判断力。 （3）高温气浪使得人员疏散困难。 （4）浓烟使得应急照明系统的效果大打折扣，乘客因看不清疏散通道而难以疏散。 （5）烟气与新鲜空气在出入口冲撞，使得从出入口流入车站的新鲜空气的流动速度变慢，人员疏散困难
救援难度大	（1）浓烟或停电使得救援人员无法准确确定起火点。 （2）城市轨道交通的地下空间较大，而救援人员的呼吸器使用时间有限，不能长时间在地下进行救援工作。 （3）城市轨道交通地下空间相对封闭，给救援人员开展救援工作造成了一定的困难。 （4）通信系统容易瘫痪。城市轨道交通发生火灾时，由于水流和高温对通信器材的影响，消防员携带的普通无线电对讲机不能正常工作，甚至造成通信系统瘫痪

二、城市轨道交通运营消防安全的危害因素

城市轨道交通运营消防安全的危害因素见表6-2。

表6-2　城市轨道交通运营消防安全的危害因素

隐患	具体解释
电气化线路、电气设备故障	城市轨道交通车站、城市轨道交通列车内电气线路、电气设备高度密集，这些电气线路和设备在运行中发生短路、过负荷、过热等故障是引发城市轨道交通火灾事故的重要因素
环境因素	环境因素主要包括城市轨道交通内部潮湿、高温、粉尘大、鼠害等因素。城市轨道内部通风不畅、隧道散热不良等原因导致温度过高；隧道内漏水情况比较普遍，地下湿气不易排出，导致地下空间湿度大；老鼠等小动物啃咬电缆。这些因素可能造成电气设备、线路绝缘性能下降，造成电气设备短路引起火灾
外来建筑物	处于中心闹市区的城市轨道交通车站，常常与地面商业建筑合建。由于商场、车库、写字楼等商业场所具有较高的火灾风险，同时此类场所的风险管理和控制工作通常不由城市轨道交通企业控制，因此此类场所一旦发生火灾、爆炸及其他灾害，不仅可能对城市轨道交通的正常运营带来影响，严重时甚至可能造成城市轨道交通企业财产和旅客人身方面的重大损失。对于存在此类商业经营场所的城市轨道交通车站，除城市轨道交通本身风险以外的各种风险（包括火灾和爆炸的风险）均不容忽视

三、应急照明及疏散指示

（1）站厅、站台、自动扶梯、人行道、楼梯口、疏散通道、安全出口、区间隧道、车

站控制室、值班室变电站、配电室、信号室、消防泵房、公安用房等处应设置应急照明，应急照明的照度应不小于正常照明照度的10%。

（2）应急照明的连续供电时间不应少于1 h。

（3）站厅、站台、自动扶梯、自动人行道、楼梯口、人行疏散通道拐弯处、安全出口和交叉口等处沿通道长向每隔不大于20 m处应设置醒目的疏散指示标志，疏散指示标志距地面高度应小于1 m。

（4）区间隧道内应设置集中控制型疏散指示标志。

四、城市轨道交通消防安全管理

城市轨道交通运营管理部门应结合运营特点制定完善的消防安全管理制度，对消防组织、消防安全责任、消防安全教育和培训、防火检查、消防值班、消防设施（器材）管理、动火管理、消防安全隐患整改、消防应急预案及演练、消防档案管理等方面进行规范，对消防安全进行严格管理。

城市轨道交通消防安全管理制度见表6-3。

表6-3　城市轨道交通消防安全管理制度

消防管理方面	管理制度
灭火器	城市轨道交通各相关场所应按《建筑灭火器配置设计规范》（GB 50140—2005）的有关规定选择、配置灭火器，且灭火器应在使用期限内。应制定灭火器定期检测制度并落实
车站消防	车站、主变电站、控制中心等消防重点部位应落实消防安全责任制，明确岗位消防安全职责。车站在运营期间应至少每2 h进行一次消防巡查，在运营前和结束后，应对车站进行全面检查。应填写消防安全检查记录，对消防设施的状况、存在的火灾隐患及火灾隐患的整改措施等应有书面记录。城市轨道交通运营企业应对所属消防设施进行定期检查和维护保养；车站应建立消防安全检查记录档案；定期组织消防演练
动火作业	（1）动火流程：各部门、中心因生产（工作）需要实施动火，必须按规定办理审批手续，提供动火申请报告，报告包括施工方案、动火方案、动火作业安全保证书和焊工上岗证复印件等。根据动火不同等级，由部门、中心填写《临时动火作业申请表》，办理相关手续。动火过程中，动火人严格按照安全操作规程进行，切实履行本岗位的安全防火职责。各部门、中心需指定专人在动火现场履行监督和防火的职责，确保动火现场的安全。所有动火作业完毕后，必须经部门、中心指定专人现场查验，认定确无火灾隐患后，将"临时动火作业许可证"（副联）返还发证单位，视为动火工作结束。未按时返还许可证的，将视为动火未完毕。在此期间发生的任何问题，由动火部门、中心领导及动火直接责任人承担一切安全责任。 （2）动火管理要求：凡经批准临时动火、焊割作业时，应做到"八不""四要""一清"。 （3）动火前"八不"：防火、灭火措施不落实不动火；周围的易燃杂物未清除不动火；附近难移动的易燃结构未采取安全措施不动火；凡盛装过油类等易燃液体的容器、管道未经洗刷干净、排除残存油质的不动火；凡盛装过气体受热膨胀有爆炸危险的容器和管道不动火；凡储存有易燃、易爆危险品的车间、仓库和场所未经排除易燃、易爆危险的不动火；在高空进行焊割作业时下面的可燃物品未清理或未采取安全防护措施的不动火；未配备相应灭火器材的不动火。 （4）动火中"四要"：动火中要有现场安全负责人；现场安全负责人和动火人员发现不安全苗头时要立即停止动火；发生火灾爆炸事故时要及时扑救；动火人员要严格执行动火安全操作规程。 （5）动火后"一清"：动火人员和现场安全负责人在动火后，应彻底清理现场火种后才能离开现场

 **学习思考**

结合韩国大邱地铁火灾事故案例，分析造成此次火灾事故严重后果的因素有哪些？

 评价表

根据以上学习内容，评价自己对相关知识与技能的掌握程度，在相应空格打"√"。

评价内容	差	合格	良好	优秀
城市轨道交通火灾特点				
城市轨道交通运营消防安全的危害因素				
灭火器消防安全管理制度				
车站消防安全管理制度				
动火作业消防安全管理制度				
学习中存在的问题或感悟				

知识点二　防火与灭火基本知识

一、火灾的分类

国家标准《火灾分类》（GB/T 4968—2008）将火灾分为 A、B、C、D、E、F 六类。火灾分类见表6-4。

表6-4　火灾分类

分类	具体内容
A 类	指固体物质（如木材、纸张等）火灾
B 类	指液体火灾和可熔化的固体物质（如汽油、乙醇等）火灾
C 类	指气体（如煤气、氢气等）火灾
D 类	指金属（如钠、钾等）火灾
E 类	指带电火灾即物体带电燃烧的火灾
F 类	指烹饪器具内的烹饪物（如动植物油脂）火灾

二、防火基本方法

一切防火措施都是以防止燃烧的三个条件（可燃物、助燃物、着火源）同时结合在一起为目的。防火基本方法包括控制可燃物、隔绝助燃物、消除着火源。

防火基本方法见表6-5。

表6–5　防火基本方法

方法	具体解释
控制可燃物	以难燃或不燃材料代替易燃材料，对性质相互抵触的化学危险物品进行分仓、分堆存放
隔绝助燃物	对密闭容器抽真空以排出容器内的氧气，在容器内充入惰性气体等
消除着火源	在易燃易爆场所严禁烟火，在有火灾危险的场所严格控制电焊、气割等动火作业

三、灭火基本方法

火灾发展阶段如图6–1所示。

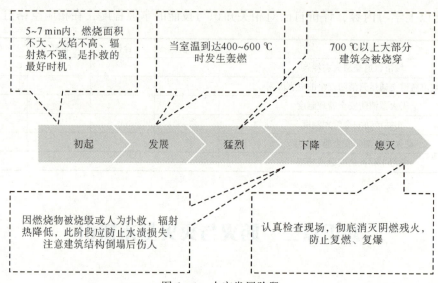

图6–1　火灾发展阶段

火灾通常都有一个由小到大、逐步发展、最终熄灭的过程，一般可分为初起、发展、猛烈、下降和熄灭五个阶段。在火灾初起阶段（一般为着火后5～7 min），燃烧面积不大，火焰不高，辐射热不强，是扑救的最好时机，只要发现及时，用较少的人力和应急消防器材就能将火控制或扑灭。

灭火的基本方法是根据起火物质的燃烧状态，制造破坏燃烧必须具备的基本条件，进而采取相关措施。基本灭火方法见表6–6。

表6–6　基本灭火方法

灭火方法	具体解释和举例
冷却灭火法	将灭火剂直接喷洒在可燃物上，使可燃物的温度降低到燃点以下，从而使燃烧停止，如用水扑救火灾
窒息灭火法	采取措施，阻止空气进入燃烧区，或用惰性气体降低空气中的含氧量，使燃烧物质因缺乏氧气而熄灭。如用湿棉被、湿麻袋覆盖在燃烧着的液化石油气瓶上
隔离灭火法	将附近的可燃物质与正在燃烧的物品隔离或者疏散开，从而使燃烧停止。如拆除与火源相毗邻的易燃建筑物结构，建立阻止火势蔓延的空间地带
化学抑制灭火法	将化学灭火剂喷入燃烧区参与燃烧反应，中止链式反应而使燃烧反应停止。如用灭火器向着火点喷射灭火

学习思考

在某城市轨道交通车站上，一名乘客点燃了自己随身携带的衣服，这种情况属于哪种类型的火灾？

评价表

根据以上学习内容，评价自己对相关知识与技能的掌握程度，在相应空格打"√"。

评价内容	差	合格	良好	优秀
火灾的分类				
防火的基本方法				
灭火的基本方法				
学习中存在的问题或感悟				

知识点三 消防设备设施及其使用方法

在城市轨道交通运营中，常备的消防设备设施为灭火器、消火栓给水系统、自动喷水灭火系统、气体灭火系统。

一、灭火器

灭火器比较轻便，是扑救初起火灾最常用的灭火设备。灭火器种类较多，在城市轨道交通范围内使用的主要有手提式干粉灭火器、二氧化碳灭火器、泡沫灭火器三种。

常用灭火器使用介绍见表6-7。

表6-7 常用灭火器使用介绍

种类	手提式干粉灭火器	二氧化碳灭火器	泡沫灭火器
适用范围	主要有 MF1、MF2、MF3、MF4、MF5、MF6、MF8、MF10 等型号，主要用来扑救固体火灾（A类）、液体火灾（B类）、气体火灾（C类）和电气火灾	主要有 MT2、MT3、MT4、MT7 四种型号，按开关方式分为手枪式、鸭嘴式两种，适用于扑救液体、气体、电气设备的初起火灾，如带电的电路、贵重设备、图书资料等	泡沫灭火器用来扑灭固体、液体火灾，不能扑灭带电火灾

种类	手提式干粉灭火器	二氧化碳灭火器	泡沫灭火器
使用方法	扑救火灾时，手提或肩扛干粉灭火器到火场，上下颠倒几次，离火点3~4 m时，撕去灭火器上保险销的铅封，拔出保险销，一只手握紧喷嘴、对准火源，另一只手的大拇指将压把按下，干粉即可喷出，应迅速摇摆喷嘴，使粉雾横扫整个火区，由近而远，将火扑灭	将灭火器提到距起火地点约5 m处，放下灭火器，一只手握住喇叭形喷筒根部的手柄，把喷筒对准火焰，另一只手迅速旋开首轮或压下压把，气体就喷射出来。当扑救液体火灾时，应使二氧化碳射流由近而远向火焰喷射，如果燃烧面较大，操作者可左右摆动喷筒，直至把火扑灭	扑救火灾时，手提或肩扛灭火器到火场，上下颠倒几次，离火点3~4 m时，撕去灭火器上的封记，拔出保险销，一只手握紧喷嘴，对准火源，另一只手的大拇指将压把按下，泡沫即可喷出，此时迅速摇摆喷嘴，使泡沫横扫整个火区，由近而远，将火扑灭
注意事项	灭火要果断迅速，不要遗留残火，以防复燃；扑灭液体火灾时，不要冲击液面，以防液体溅出，造成灭火困难；当有风时，应站在上风侧	灭火器在喷射过程中应保持直立状态，切不可平放或颠倒使用；不要用手直接握喷筒或金属管，以防冻伤；在室外使用时应选择在上风方向喷射，在室外大风条件下使用时，喷射的二氧化碳气体被风吹散，灭火效果极差；在狭小的室内使用时，灭火后操作者应迅速撤离，以防因二氧化碳窒息而发生意外，火灾完全扑灭后应打开门窗通风	无
检查方法	发现指针指在红色区域或开启使用过，就表明已失效，应送修	定期对灭火器进行称重，当泄漏的灭火剂质量大于总质量的1/10时，应补充灭火剂	指针指在红色区域或开启使用过，就表明已失效
保质期限	一般为5年	最多12年	一般为2年
实物图片	干粉灭火器	二氧化碳灭火器	手提式泡沫灭火器推车式泡沫灭火器

二、消火栓给水系统

城市轨道交通消火栓给水系统主要由消防水源（市政供水或消防水池）、消防水管、室内消火栓箱（包括水带、水枪、消防软管卷盘）和室外消火栓、消防水泵、消防水泵控制器等组成。其中室外与室内消火栓、消防软管卷盘如图 6 - 2 所示。城市轨道交通室内消火栓口径为 DN65，水枪喷嘴直径为 19 mm，每根水带长度为 25 m，栓口距地面、楼板或道床面高度为 1.1 m。消防软管长度为 30 m。

图 6 - 2 室外与室内消火栓、消防软管卷盘

消火栓和消防软管卷盘使用方法和注意事项见表 6 - 8。

表 6 - 8 消火栓和消防软管卷盘使用方法和注意事项

消防器材	使用方法和注意事项
消火栓	（1）打开消火栓箱，取出水带。 （2）抛水带。右手握住水带，然后用力向正前方抛出，使水带向正前方摊开。 （3）接水带。右手将水带接头与消火栓接头对接，并顺时针转动至卡紧。 （4）接水枪、打开水龙头。迅速拿起另一头水袋接头，一手拿水枪冲向着火部位，将水枪头接上水袋接口，并将水龙头打开。 （5）扑灭。射水时，采取包围灭火战术阻止火势和烟雾向其四周扩散，以便有效控制火势，直接将火扑灭。 （6）注意：如遇电气火灾，应先断电后灭火
消防软管卷盘	（1）使用范围：一般供扑救初起火灾使用。 （2）步骤：首先打开箱门将卷盘旋出，拉出胶管和小口径水枪，开启供水闸阀即可进行灭火。使用完毕后，先关闭供水闸阀，待胶管排除积水后卷回卷盘，将卷盘转回消火栓箱。 （3）注意：消防软管卷盘除绕自身旋转外，还能随箱门旋转，比较灵活，不需将胶管全部拉出即能开启阀门供水

三、自动喷水灭火系统

自动喷水灭火系统是按一定的间距和高度安装一定数量喷头的供水灭火系统、干式自动喷水灭火系统、预作用式自动喷水灭火系统等。发生火灾时，该系统能自动喷水灭火并自动报警。在所有固定式灭火设备中，自动喷水灭火系统具有使用范围最广、价格最便宜

的特点，其工作性能稳定，灭火效果好，因而广泛应用于可以用水灭火的场所。

自动喷水系统的组成和工作原理见表 6-9。

表 6-9　自动喷水系统的组成和工作原理

自动喷水灭火系统		
构成	湿式报警阀装置	由湿式阀、延时器、水源、系统压力表、报警控制阀、过滤器、止回阀、主排放阀、节流阀组件等组成
	报警控制	由压力开关、流水指示器、水力警铃、报警控制柜等组成
	供水	由蓄水池、水泵、压力水罐、高位水箱、水泵接合器等组成
	管网	由闭式玻璃球喷水、供水管、电磁阀门、末端泄放装置等组成
动作原理		湿式自动喷水灭火系统的管网内充满了水，并保持一定的压力。被保护区域发生火灾后，当火灾区域燃烧产生的热气达到一定温度时（70 ℃时），洒水喷头的玻璃球受热膨胀破裂，喷头开始喷水灭火。同时，另一股水流流入报警通道，经延时器至压力开关，水力警铃开始报警，相关信号被发送到消防水泵控制柜，启动消防水泵供水

湿式自动喷水灭火系统工作原理如图 6-3 所示。

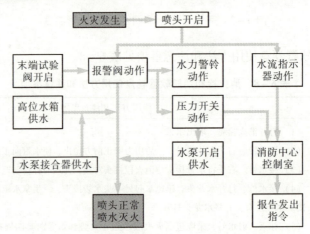

图 6-3　湿式自动喷水灭火系统工作原理

四、气体灭火系统

以气体作为灭火介质的灭火系统称为气体灭火系统。根据灭火介质的不同，气体灭火系统可分为卤代烷气体灭火系统、二氧化碳气体灭火系统、IG541 气体灭火系统等。由于卤代烷气体灭火系统与二氧化碳气体均不利于环保，目前城市轨道交通运营密闭空间多采用 IG541 气体灭火系统（见表 6-10）。

表 6-10　IG541 气体灭火系统

IG541 气体灭火系统介绍	
使用范围	主要用于保护车站内危险性较高的或重要的设备房，如高低压室、整流变电室、AFC 设备室、信号设备室、屏蔽门控制室等，部分主变电站、集中供冷站等重要设备房

续表

IG541 气体灭火系统介绍		
组成	药剂储存和喷放设备	包括气体钢瓶、钢瓶固定支架、瓶头阀电磁启动器、瓶头阀手动启动器等
	报警和控制设备	包括火灾探测器、控制盘、手拉开关、紧急停止开关、手动/自动选择开关、警铃、蜂鸣器和闪灯、气体释放指示灯等
控制方式	自动控制	气体灭火系统控制盘具有两个独立的区域探测回路，在自动控制状态下，当保护区域内某一回路报火警时，控制盘启动联动设备（如关闭防火阀、关闭风机等），并同时启动警铃，发出一级火灾报警信号给火灾自动报警系统（FAS）。当另一探测回路也报火警时，控制盘内蜂鸣器鸣响，并发出二级火灾报警信号给火灾自动报警系统，经过30 s延时后，控制盘发出控制信号，启动对应区域的选择阀和对应主动气瓶上的电磁阀，将灭火药剂释放到保护区进行灭火，同时灭火区域外的气体释放指示灯闪亮
	电气手动控制	在确认火灾发生时，应通知保护区内的人员疏散，并关好门窗。若系统没喷气，则手动操作按下释放按钮。若手动按钮失灵，则到气瓶间开启对应火灾区域电磁选择阀上的手动启动器，同时开启对应区域主动气瓶瓶头的电磁阀手动启动器。事故处理完毕后应进行系统复位。若火警属于误报，则应在按住"止喷"按钮的同时将开关打到手动状态，停止喷气，然后进行消音及系统复位、防火阀复位，使系统恢复正常状态
	应急机械操作	全机械方式的操作，不需任何电源，只有当自动控制与电气手动控制均失灵时，才需要采用应急操作。先操作区域选择阀上的机械式手动启动器（拔掉保险栓，向SET箭头的相反方向推），然后操作气体钢瓶上的机械式手动启动器（拔掉保险栓，向SET箭头的相反方向推），来开启整个区域的气体灭火系统
喷气后现场作业安全要求		高度重视进入密闭场所作业的危险性，强化全过程管理，落实安全措施，进房间前进行安全教育，以防事故发生。作业开始前应做到进入房间前已经进行过抽烟措施，在征得环控调度员同意后佩戴防毒面具进入房间，进入房间后将房间的门置于打开位置。进入房间必须明确安全责任，现场应至少有3人，1人进入房间、2人在外配合，并负责监护，随时与房间内联系，相互呼应。进入房间的人员如出现头晕、胸闷、呕吐等不适感觉，应立即离开房间，严重时要及时送医院抢救

IG541 气体灭火系统性能简介见表6-11。

表6-11 IG541 气体灭火系统性能简介

IG541 气体灭火系统	
成分构成	由52%的氮气、40%的氩气和8%的 CO_2 三种自然存在于大气中的纯天然的惰性气体组成
灭火原理	IG541 喷放后，保护区空气中的氧气含量由支持燃烧的21%降为不支持燃烧的12.5%，从而使火熄灭
优点	（1）对人体的危害小。灭火过程中二氧化碳含量由原空气中浓度的不到1%变为2%~4%，此浓度下仍可保证人在低氧环境下正常地呼吸。因此，IG541 气体可用于需要气体灭火保护且又经常有人停留的工作场所。其次，IG541 在喷放时不产生烟雾，人们可以看清逃生路线。此外，IG541 气体完全无毒，作为惰性气体也不会在与火焰接触时产生有毒或有腐蚀性的分解物。（2）无环境危害。IG541 释放时，其气体成分还原为它在大气中自然存在的状态，对环境不会造成任何影响。（3）无次生损失。IG541 气体对人是安全的，可立刻扑灭火灾，使火灾损失最小；IG541 以气态储存，喷放时不会产生对精密设备有害的冷凝作用，同时也不会导致腐蚀或静电积累。（4）输送距离远。IG541 气体灭火系统送气管长度可达150 m，较其他气体灭火系统能输送更长的距离。灭火时通常要求系统在1 min内达到90%的喷发量

IG541 气体灭火系统如图 6-4 所示。

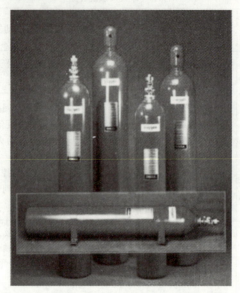

图 6-4　IG541 气体灭火系统

五、火灾自动报警系统（FAS）

火灾自动报警系统（fire alarm system，FAS）是为了及早发现、通报火灾，以便及时采取措施扑灭火灾而设置于建筑物内的一种自动消防设施。

通常，城市轨道交通每一条线的火灾自动报警系统以环网方式将各车站的报警控制器构成一个整体网络，在控制中心能对全线报警系统实行监控管理，随时掌握全线动态情况，在其所管辖范围内，对火灾状况进行监测报警和实施有关消防操作。火灾自动报警系统主要实现火灾监测的报警、其他系统消防设备的监视及控制、系统故障报警、消防电话通信等重要功能。

在城市轨道交通各车站、主变电站、车辆段、集中供冷站、区间风机房和控制中心大楼均设有火灾自动报警系统，分为车站级和中央级两级。

车站级设备包括火灾报警控制盘与站级计算机图形中心、站内的自动报警设备、手动报警器、消防紧急电话等。

中央级设备为安装在控制中心的中央级计算机图形中心，作为全线火灾自动报警系统的操作管理和资料存档管理平台，随时接收显示各车站传送来的报警信号，对车站报警点按全貌、分区等逐级进行图形显示，并打印、存档各类信息资料。

六、机电设备监控系统（BAS）

机电设备监控系统是为实现将环控、低压、照明、给排水、屏蔽门等设备集中监控而设计的综合自动化系统。机电设备监控系统实现了对现场机电设备运行状态进行实时集中监视、控制和报警，降低了设备操作的复杂性和操作难度，能够协调设备动作。在消防功能方面，机电设备监控系统有以下功能。

（1）接收火灾自动报警系统传送来的火灾信息，控制车站相关设备执行设定的火灾模式，如控制环控系统执行排烟模式，开启紧急疏散导向，切断三级电源。

（2）在列车发生火灾时，接收行车信号系统传送来的列车区间停车位置信号，控制隧道通风系统进行排烟。

机电设备监控系统通常由中央、车站、就地三级系统实现对相关设备的监视和控制。

 学习思考

贵重的设备着火了，需要使用哪种类型的灭火器？

 评价表

根据以上学习内容，评价自己对相关知识与技能的掌握程度，在相应空格打"√"。

评价内容	差	合格	良好	优秀
不同灭火器的使用方法及注意事项				
消火栓的使用方法及注意事项				
消防软管卷盘的使用方法及注意事项				
了解自动喷水灭火系统和气体灭火系统				
FAS 系统的作用和分级方式				
BAS 系统的作用和分级方式				
学习中存在的问题或感悟				

知识点四　城市轨道交通火灾自救与逃生

在火灾事故中，有的人能"火"里逃生，有的却葬身火海，这固然与火势大小、起火地点、起火时间、建筑物内消防设施、扑救是否及时等因素有关，但受害者火场积极自救、互救，人群有效疏散也至关重要。能否成功从火场逃生取决于被困者的自救知识和相应的自救能力。掌握一定的消防知识，增强自救意识，提高疏散技能，对每一个人来说都是非常必要的。

城市轨道交通运营工作人员在火灾中自救与逃生时，有 8 项原则要遵循。自救与逃生原则见表 6-12。

表6–12 自救与逃生原则

序号	原则
1	"救人第一，救人与灭火同步进行"
2	火灾发生后，车站工作人员应首先做好乘客的疏散、救护工作
3	把握起火初期的关键时间，在消防员到来前积极组织灭火自救
4	车站工作人员开展灭火自救工作时应注意佩戴好个人防护用品
5	消防员到场后，灭火任务应交给消防员
6	当火势不可控制，可能危及自身生命安全时，车站工作人员应主动撤离
7	沿疏散标志指示方向出站逃生
8	车站发生火灾时，不要使用垂直升降电梯

 学习思考

假如你工作的某地铁站着火了，你是先疏散乘客还是先自救逃生？

 评价表

根据以上学习内容，评价自己对相关知识与技能的掌握程度，在相应空格打"√"。

评价内容	差	合格	良好	优秀
自救与逃生的八准则				

知识点五 城市轨道交通火灾人员疏散

一、城市轨道交通火灾人员疏散的有关装备

我国城市轨道交通企业不但要有完善的固定消防设施，还需要配备足够数量的疏散装备作为必要的补充。

与火灾疏散有关的装备见表6–13。

表6－13　与火灾疏散有关的装备

装备名称	作用
移动照明灯	为了保证火灾时能够正常照明，在疏散走道出入口处、过道上、拐弯处、疏散楼梯等地方布置一些移动照明灯具，供人员疏散时使用
扬声器	主要供引导人员疏散、寻找被困人员和与消防队员对话时使用
防烟、防毒面具，滤气罐，逃生头盔，毛巾和口罩	其放置在列车和候车大厅等人员密集处，以保护疏散人员的呼吸器官，延长疏散人员在高温、浓烟、毒气情况下的生存时间
空气呼吸器、隔热服和避火服	主要供城市轨道交通内部保卫人员使用，使他们能够在第一时间接近并消灭火源
破拆工具	主要放置在列车内部用于破拆

二、城市轨道交通火灾人员疏散的基本要求

城市轨道交通火灾人员疏散的基本要求如图6－5所示。

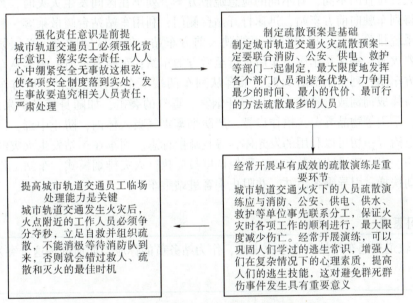

图6－5　城市轨道交通火灾人员疏散的基本要求

三、城市轨道交通火灾人员疏散的方法

无论城市轨道交通系统哪个部位发生火灾，都应在第一时间紧急疏散乘客，同时采取有效的灭火措施。根据世界上城市轨道交通重大火灾事故的教训，乘客没有得到快速、及时、安全的疏散是造成人员重大伤亡的主要原因。

1. 车站火灾人员疏散

（1）车站疏散命令由行车调度员发布，紧急情况下车站值班站长可自行决定在本站进行疏散，然后向行车调度员报告。

（2）中央控制室疏散命令由行车调度主管发布，有关部门宣布控制中心大楼实施疏散时，行车调度主管决定中央控制室疏散时机。

（3）其他区域非紧急疏散命令由管理部门部长或现场负责人发布，任何员工发现已经发生或即将发生严重威胁人员人身安全的情形时，均可以通知现场全体人员紧急疏散。

（4）有广播系统的区域，在实施疏散前或过程中，要充分利用广播系统发布信息，指明乘客疏散路线。如本区域某处发生火灾，应在广播中予以警示，至少重复三遍。

（5）值班站长必须迅速地安排乘客离开车站，本站工作人员应按照车站疏散路线图将乘客疏散到预设的集合地点，若原定疏散路线受阻，应另外选择疏散路线。

（6）如因所有出口不适合疏散，值班站长必须立即向行车调度员报告，行车调度员可安排一列空车协助疏散站内所有乘客及员工或授权将所有人员疏散至轨道区域。

（7）员工疏散到集合地点后，值班站长应安排清点人数，发现有人被困站内时应组织营救（如请求消防人员协助）。注意：有关员工可能因为执行其他任务而不能前往集合地点，如把守车站入口、安抚乘客等。

（8）向行车调度员报告或联系相关事宜，如疏散完成情况、乘客安置情况、下一步工作等。

2. 列车火灾人员疏散

根据火灾位置的不同，有不同的应急疏散方案。列车在区间发生火灾时，列车驾驶员应尽可能将列车驶向前方车站，迅速打开站台侧门，利用车站站台疏散乘客，利用车站隧道防排烟系统排除烟气。如果列车不能驶入前方车站，停在区间隧道，必须紧急疏散乘客。车头着火时，乘客从车尾下车后步行至后方的车站；车尾着火时，乘客从车头下车后步行至前方车站；列车中部着火时，乘客从列车两端下车后步行至前、后方车站。疏散中，乘客身体成匍匐或弯腰状态，以避开烟雾、毒气的袭击，如随身携带矿泉水等液体，可将衣服、手绢等物品弄湿，捂住口鼻，严防烟雾毒气吸入体内，防止中毒，同时要使用手机、手电筒等一切可以利用的发光体，寻找疏散标志。列车在车站发生火灾时，可以利用车站楼梯、出入口迅速疏散乘客，环控调度员应执行火灾排烟模式，车站工作人员应立即关闭自动扶梯，引导乘客出站，并阻止乘客进站乘车。

 学习思考

城市轨道交通车站站台发生火灾时，作为站务员的你应当如何处理这个突发事件？

 评 价 表

根据以上学习内容，评价自己对相关知识与技能的掌握程度，在相应空格打"√"。

评价内容	差	合格	良好	优秀
火灾人员疏散的有关装备的使用方法				
城市轨道交通火灾人员疏散的基本要求				
火灾时站务员的工作要求				
列车火灾人员疏散的方法				
学习中存在的问题或感悟				

知识点六　城市轨道交通运营消防安全规定

一、一般规定

全体员工应认真贯彻《中华人民共和国消防法》《机关、团体、企业、事业单位消防安全管理规定》。坚持"预防为主，防消结合"的工作方针，履行消防安全职责，保障消防安全。

（1）定期开展消防安全宣传、教育、培训，普及消防知识，提高全员消防安全意识。

（2）做好重点部位、要害部位及易燃、易爆物品的管理，建立健全消防安全管理制度，成立消防工作机构。

（3）建立健全消防安全组织，明确消防安全责任人。

（4）对消防设备、设施进行抽查及不定期检查，消防设备、设施专人管理，任何人不得随意动用或移动消防器材。

（5）消防设备按要求进行年检，消防设施定期保养。

（6）组织消防检查，督促落实火灾隐患的整改。

（7）建立消防预案，定期开展消防演练。

（8）外单位施工前，必须签订消防责任书。制订确保消防安全的措施。

二、重点部位消防安全规定

（1）在城市轨道交通运营中，重点消防位置是信号楼、综控室、列检库、机车车库、易燃品库、材料库房等。

①出入人员按要求履行登记手续。

②室内严禁存放易燃、易爆危险物品。

③室内电器用品的电线、插座、开关必须符合安全规定，发现问题，及时处理。未处理前必须断开电源，禁止使用。

④室内禁止擅自接拉电源线，禁止违规使用电器。

⑤作业结束后，料净、场清，消除安全隐患。

⑥应熟练使用灭火器，灭火器具的配备应齐全、良好、有效，安放在固定位置并熟知其使用保养方法，严禁随意移动和挪用。

⑦发生火情立即采取措施扑救，以防事态扩大并及时报告。

⑧人员因故离开时，断开电源开关。

⑨在库内维修作业时，提前做好预防措施。

⑩锅炉房人员认真遵守锅炉安全操作规定。

（2）易燃品库的防火规定。

①油料应妥善存放在专用库内，由专人负责收发存放。库内应采用防爆灯具，并配备良好的消防器材。

②专用库外 25 m 范围内禁止明火及停放汽车，库内外应悬挂"严禁烟火"的安全标志，夏季及高温时须加强通风。

③油料存放处所禁止放置易燃物。

④油料、清洗剂应存放在有盖的容器内，使用时按需领用，剩余时及时入库。

⑤取用油料时要轻拿轻放，开盖时禁止使用铁器敲打。

⑥不得超量贮存，运输、取用油料时预先检查油桶，不得滴漏。

⑦专用库内严禁架设和私拉电源线及使用各类电器。

⑧作业人员离开后，及时断电、锁闭门窗。

（3）电动客车的防火规定。

①加强车辆高低压重点部位检查。

②严禁携带易燃易爆等危险品上车，停车列检库及电动客车内严禁吸烟。

③停车列检库及电动客车上消防器材应齐全、良好、有效，放置在固定地点，并有明显标识。司机应掌握灭火器的使用方法。

④严禁在车上私自接线，增设电器。

⑤严禁使用超容量的保险。

⑥行车中发现车辆有冒烟、异味时，司机迅速到事发处，查明原因，切断供电电源，使用灭火器准确喷扑。

⑦作业完毕后，断开各车负载、蓄电池，各股道开关柜要断电加锁，关闭司机室门窗及地沟灯。

⑧列车入库后，及时检查清除车厢内异物，定期对车底走行部进行清扫。

⑨定期进行列车消防器材的检查、更换和保养。

（4）材料库房防火规定。

①材料库房内禁止存入易燃、易爆等危险品。

②仓库重地，严禁吸烟，使用明火，库内和料场、料棚须设有明显的"严禁烟火"警告牌。

③库内要有良好的照明、通风设施，严禁未经批准架设电源线及灯具。

④库内消防器材要齐备，定期检查并确保性能作用可靠。

⑤新购进的材料、物品入库时，要根据其性质，采取相应的安全贮存方法。

⑥仓库内及露天堆垛附近禁止进行有可能引起火灾的作业，及时清除可燃杂物。

⑦压力容器须按规定检查、贮运，确保安全。氧气瓶须立放，不得用蒸汽加热、不得露天存放。

⑧库房内电器设备须经常检查，发现安全隐患时，应立即通知有关人员处理。

⑨下班前，应对库房内外进行彻底检查，关闭好门窗，切断电源。

⑩仓库重地须严格管理，认真落实材料物品防火、防腐、防锈、防盗安全措施，确保安全储放。

（5）防灾报警监控室安全规定。

①防灾报警监控室属重点防火单位，无关人员禁止入内。

②室内严禁存放易燃、易爆危险物品。

③室内禁止吸烟，禁止使用电炉、电热器、电饭锅等。

④室内禁止擅自接拉电源线。工作人员要经常检查、清扫机柜，保障设备的正常运行。

⑤值班人员要坚守岗位，认真操作设备。一旦发生报警信号，需保持冷静，查明原因，并迅速与有关人员联系，记录在册。

⑥认真执行交接班制度，发现问题及时解决，遗留问题交接清楚。

⑦熟知灭火器具的使用方法，掌握维修、保养消防器材知识，按程序报警。

（6）运转室防火规定。

①为保证值班员的正常工作和落实防火措施，闲人免进运转值班室。

②电器用品的电线、插座、开关等必须良好，发现问题时及时找有关部门进行处理，未处理前必须断开电源并禁止使用。

③人员因故离开时，必须断开各电器用品电源。

④室内禁止吸烟，严禁乱扔废弃物。

⑤运转室严禁存放易燃物品及危险品。

⑥消防器材严禁随意移动。

⑦每日工作完毕后，要按规定做好巡视汇报工作。

⑧做好本岗位防火工作，并应遵守和执行其他有关防火措施制度。

⑨发生火情立即采取措施扑救，并须报上级领导。火情较大不能控制时，立即报警，不得延误时间，以防事态扩大。

（7）信号楼防火规定。

①非值班人员不得入内，因公需进入值班室时，按规定执行登记制度。

②室内电器用品的电线、插座、开关必须符合安全规定，发现问题时，及时处理。未处理前必须断开电源，禁止使用。

③严禁携带易燃易爆危险品进入值班室。

④灭火器具的配备应齐全良好，安放在固定位置并熟知其使用方法。严禁随意移动。

⑤值班室内严禁吸烟和明火，严禁乱扔废弃物。

⑥发现火情立即采取措施扑救，并报告上级领导。当火势较大不能控制时，立即报警，不得延误时间，以防事态扩大。

学习思考

在城市轨道交通运营中，重点消防位置是哪些？

评价表

根据以上学习内容，评价自己对相关知识与技能的掌握程度，在相应空格打"√"。

评价内容	差	合格	良好	优秀
城市轨道交通消防安全的一般规定				
城市轨道交通车站重点位置的消防规定				
易燃品库的防火规定				
防灾报警监控室安全规定				
学习中存在的问题或感悟				

拓展提升

　　阅读"伦敦国王十字车站火灾事故"的事故概况、事故原因、处置措施，分析此次事故处理过程中存在的问题和漏洞？分析此次事故给了我们哪些启示？

1. 事故概况

　　1987年11月18日，格林尼治时间晚上19点29分，英国伦敦国王十字车站发生重大火灾。国王十字车站是伦敦最大的轨道交通枢纽，共有5条线路在此站交汇，并与英国铁路系统衔接。此次火灾事故最终造成31人丧生（其中有1名消防员），100多人受伤。

2. 事故原因

　　事故发生后，经询问目击者和车站工作人员，召开听证会，进行技术勘察和模拟实验等调查后确定，火灾是点燃的火柴梗引起的。具体情况是一名乘客点烟后将点燃的火柴梗扔到正在运行的自动扶梯上，火柴梗穿过踏板和踢脚板之间的缝隙，落在自动扶梯的运行导轨上，引燃了导轨上的润滑油、碎屑、踏板背面的油脂及扶梯下积聚的可燃物，从而使自动扶梯首先起火，而后很快蔓延到售票大厅。

3. 处置措施

　　当日19点29分，乘客发现4号自动扶梯起火，随即按下扶梯顶部的紧急停止按钮，并报告车站工作人员。车站工作人员试图用二氧化碳灭火器灭火，但无法接近火源。

　　19点35分，地铁工作人员向伦敦苏豪区消防局和距离国王十字车站最近的尤斯顿消防局报告火灾，消防局立即赶往救援。

　　19点39分，警察决定疏散售票厅内的乘客，并通过电话要求调度员命令所有列车不要在国王十字站停靠，车站也停止售票。

　　19点43分，消防员抵达，消防局第一辆消防车到达事故现场，消防局命令售票厅内工作人员撤离，但未将火警通知车站内的所有员工。消防队长进入地铁内侦查火情。此时仍有列车进站和乘客上下车，但售票厅内温度急剧升高，并产生了浓烟。

　　19点45分，消防局第一辆消防车抵达2分钟后，尚未开始灭火，此时自动扶梯上端和售票厅内发生轰燃。消防队员带领部分乘客离开售票厅，其他乘客、部分警察，以及地铁职工也紧急撤离现场。此时，有些人被严重烧伤，乘客和车站工作人员惊慌失措，现场秩序十分混乱，30名乘客当场死亡。消防队长在协助一名被严重烧伤的乘客接近安全出口时，被浓烟夺去了生命。被困在车站内的人们在撤离过程中发现疏散通道上的两扇折叠门被锁闭，无法及时逃生。

　　20点05分，伦敦消防总队的助理支队长到场指挥，要求增派消防力量。消防车迅速增加，总数达30辆，共有150多名消防员参加灭火救援工作。21点48分，火势被控制，次日1点46分，火灾才被扑灭，搜索和抢险工作一直进行到黎明。伦敦市地铁火灾事故从发现起火到扑灭大火经历了6个小时17分钟。

 巩固提高

通过分析"伦敦国王十字车站火灾事故"，你认为作为城市轨道交通车站的工作人员，应当如何提升城市轨道交通消防安全水平？

 模块训练

实训目的：使学生学会使用消防器材，在火灾中能够自救和疏散乘客。
实训方法：多查阅相关知识，多进行实地调研。

 模块小结

在城市轨道交通发展的进程中，消防安全问题一直是影响城市轨道交通安全运行的重要因素。本模块对城市轨道交通消防安全管理进行了简单的介绍和分析，包括防火与灭火的基本知识，消防设备、设施及其使用方法等。

 模块自测

1. 简述城市轨道交通火灾的特点。

2. 如何对火灾进行分类？

3. 如何进行防火？

4. 灭火的最佳时机是什么时候？灭火的方法有哪些？

5. 如何操作、使用灭火器？

6. 如何操作、使用消防栓？

7. 如何操作使用气体灭火系统？

8. 车站发生火灾时如何进行人员疏散？

模块七

城市轨道交通运营突发事件应急处置

 情境导入

　　2011 年 7 月 5 日早 9：36，北京地铁 4 号线动物园站 A 口上行电扶梯发生设备故障，正在搭乘电梯的部分乘客由于上行的电梯突然进行了倒转，原本是上行的电梯突然下滑，很多人防不胜防，人们纷纷跌落，导致踩踏事件的发生，事故造成 1 人死亡，2 人重伤，26 人轻伤。

　　作为一名城市轨道交通工作人员，面对突发事故，又该如何应对呢？城市轨道交通公司有相应的突发事件处理预案吗？会对新员工进行这方面的培训吗？

　　本模块将介绍突发事件的概念、分类标准、应急处置程序和原则，以及一些因列车撞击、脱轨，设施设备故障、损毁，以及大客流等情况造成的突发事件应急处理等。

 学习目标

1. 了解突发事件的概念和分级标准
2. 掌握突发事件的处理原则和报告程序
3. 掌握突发事件的处置原则
4. 掌握列车运行过程中出现的紧急情况及其预案
5. 掌握客运组织、机车车辆、通信设备、信号设备等突发事件应急处置措施
6. 掌握一些抢险用品保管及安全使用规定

知识点一　　城市轨道交通运营突发事件概述

一、城市轨道交通运营突发事件的概念、特点和分类

城市轨道交通是城市公共交通的重要组成部分，它面向公众提供快速、便捷的交通运

输服务,具有建设要求高、技术复杂度高、客运环境封闭、运转强度大等特点,因此,在城市轨道交通建设和运营方面加强突发事件管理是十分有必要的。

1. 突发事件概念

突发事件是指在运营线路、车场内发生的列车脱轨、冲突、人员伤亡、水灾、火灾、恶劣天气、爆炸、地震及恐怖袭击或因车辆、设备故障、损坏及客流冲击、服务事件等异常原因造成影响运营的非正常情况。

列车突发撞击事故如图7-1所示。

图7-1 列车突发撞击事故

2. 突发事件特点和分类

城市轨道交通运营突发事件的特点见表7-1。

表7-1 城市轨道交通运营突发事件的特点

特点	具体内容
突发性强	城市轨道交通突发事件发生的时间和地点具有不确定性,而且时刻潜伏着危险性;突发事件发生初期极具隐蔽性,不易察觉,一旦发生,就已达到一定的危害范围和程度;现场人员表现极度紧张、恐慌,瞬间造成混乱
处置难度大	城市轨道交通一旦发生火灾、爆炸、毒气等突发事件,险情评估判断困难,地下通信联络不畅,特种救援装备很难到位,现场往往有大量人员中毒或伤亡,救援人员展开救援行动时心理、生理压力很大
逃生途径少	城市轨道交通列车每节车厢每侧设有4个或5个车门,列车停靠站台后打开一侧的车门,则人员全部撤离车厢最快需要0.61 min左右;如果车门因故障无法打开,或列车抛锚在区间隧道内车厢门无法打开时,乘客只能通过车头和车尾的2个紧急安全门疏散。这种情况下,乘客的安全疏散将更为困难
社会影响大	城市轨道交通若发生突发事件,除造成大量人员伤亡外,轨道运行将会中断较长时间,影响人们正常的生活、工作,甚至影响社会稳定

城市轨道交通运营突发事件的分类见表7-2。

表7-2　城市轨道交通运营突发事件的分类

分类标准	级（类）别	分级标准
按照事件严重性和受影响程度	特别重大运营突发事件	死亡30人以上，或者重伤100人以上，或者直接经济损失1亿元以上的
	重大运营突发事件	死亡10人以上30人以下，或者重伤50人以上100人以下，或者直接经济损失5 000万元以上1亿元以下，或者连续中断行车24h以上的
	较大运营突发事件	死亡3人以上10人以下，或者重伤10人以上50人以下，或者直接经济损失1 000万元以上5 000万元以下，或者连续中断行车6h以上24h以下的
	一般运营突发事件	死亡3人以下，或者重伤10人以下，或者直接经济损失50万元以上1 000万元以下，或者连续中断行车2h以上6h以下的
按照突发事件的成因	自然灾害类运营突发事件	自然原因导致，如地震、龙卷风、海啸、洪水、暴风雪、酷热或寒冷、干旱或昆虫侵袭等
	事故灾害类运营突发事件	人为（包括人类活动和人类发展）原因造成，如化学品泄漏、放射物质泄漏、设备故障、车祸、火灾等
	公共卫生类运营突发事件	主要由病菌病毒引起的大面积的疾病流行，如SARS、禽流感、H5N1流感、霍乱、多人食物中毒等
	社会安全类运营突发事件	主要由人们主观意愿产生，如能源和物资紧缺导致的抢购、游行、暴乱、恐怖活动、战争等

二、突发事件应急处置报告程序

面对突发事件，相关人员遵循应急处置程序和基本原则，往往能够最大限度地减少人员伤亡与财产损失。

车站、列车、线路、车场上发生突发事件的请示报告工作，是降低各类损失、减少事故影响、缩短救援时间的重要环节，全体管理人员和员工须认真对待。

请示报告时，要报告报告人姓名、单位；事件发生时间、地点；列车车次、车组号；事故概况、设备状况及对运营的影响程度；人员伤亡情况；请求救援的内容及其他须说明的内容等。报告时也要遵循一定的程序。

城市轨道交通工作人员报告突发事件如图7-2所示。

图7-2　城市轨道交通工作人员报告突发事件

城市轨道交通突发事件报告程序图如图7-3所示。

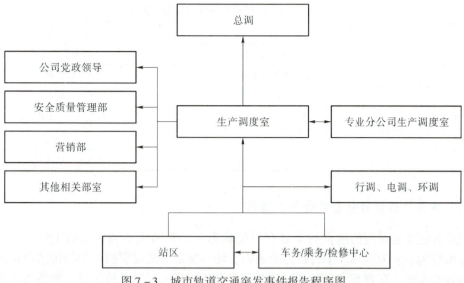

图7-3　城市轨道交通突发事件报告程序图

生产调度室接到控制中心、站区的报告后，应做好记录，迅速向相关部门主管领导报告（夜间向值班的公司领导及部门主管领导报告）。根据事件发生的严重程度，必要时向公司经理、党委书记、主管安全运营副经理、公司其他党政领导及有关部门负责人、总调度室报告。现场情况一时难以判断清楚时，应遵循"先报整体情况，然后继续确认，随时报告"的原则。如发现已经报告的内容有误时，应立即予以更正。在迅速报告的基础上，对现场情况及处置过程应随时报告。

履行报告程序时应避免对其他作业的影响。遇有处置预案未尽事宜时，应边请示边报告，本着尽力保证安全、尽量减少损失、尽快恢复运营的原则开展处理工作。

在突发事件处理过程中，相关人员须坚守岗位，加强监护，及时掌握并报告各类相关信息，严禁擅自离开指定岗位。

三、突发事件应急处置原则

城市轨道交通运营事故与突发事件的处理原则见表7-3。

表7-3　城市轨道交通运营事故与突发事件的处理原则

序号	具体原则
1	高度集中、统一指挥、逐级负责
2	先救人，后救物；先全面，后局部
3	就近处理。突发公共事件发生时，在上一级应急处理负责人到达现场前，员工担任现场临时应急处理负责人，在上一级应急处理负责人到达现场后，则由上一级应急处理负责人担任现场指挥
4	反应迅速，做到早发现、早报告、早控制
5	对外宣传归口管理，不得擅自发布相关信息
6	相关人员在突发公共事件应急处理过程中应兼顾现场保护工作，以利于公安、消防和事件调查部门的现场取证。有关现场的处置应按相关法律法规执行，进入现场人员须经有关领导批准

不同场所突发事件的临时负责人见表7－4。

表7－4　不同场所突发事件的临时负责人

序号	发生场所	现场临时负责人
1	列车上（列车在区间）	本列车驾驶员
2	列车上（列车在车站）	所在站值班站长
3	车站	所在站值班站长
4	区间线路上	行调指定的值班站长
5	车场	车场调度
6	其他场所	现场职务最高的员工

四、城市轨道交通应急设备及其操作

城市轨道交通系统的地铁列车是在封闭状态下运营的大型载客交通工具，因设备故障、技术行为、人为破坏、不可抗力等原因，均可能发生突发事故。为保证紧急情况下员工和乘客的安全，在列车和车站都安装有相应设备，当出现紧急情况时，乘客可以通过应急设备进行报警或自救。

1. 列车应急设备

一般情况下，城市轨道交通列车上都会配备紧急报警装置、紧急开门装置、灭火器、逃生装置等应急设备。

列车上的应急设备见表7－5。

表7－5　列车上的应急设备

应急设备	放置位置	使用条件	图片
报警装置	每节车厢车门侧面上方有两个报警装置，包括报警按钮和紧急对讲器	当车厢发生乘客冲突，有人昏厥、火灾等紧急情况时，乘客可以使用此装置通知驾驶员，以便驾驶员根据现场情况采取相应措施进行处理	
紧急开门装置	列车的每个车门侧面上方	在故障或紧急情况下，需要人工开门时使用	

续表

应急设备	放置位置	使用条件	图片
灭火器	每节车厢的乘客底座下或车辆前后两端的专门设备内	列车发生火灾初期，乘客除通过车厢内的报警装置通知列车司机外，还可以用列车配备的灭火器灭火自救，尽量将火势控制、扑灭	
逃生装置	列车两端的司机室内	逃生装置经手动解锁后通过气簧执行机构机械动作，可推下专门的接近轨道的紧急梯。当在运营期间发生故障时，驾驶员可以打开应急疏散门疏散乘客，通过该门，乘客可以快速、有序地逃生。如果一个城市的城市轨道交通系统采取疏散平台方式进行疏散，那么列车的逃生装置则为客室门	

2. 车站应急设备

车站的应急设备包括火灾紧急报警器、自动扶梯紧急停机装置、紧急停车按钮、屏蔽门紧急开关、屏蔽门应急门五种。不同的轨道交通系统建设要求不同，所以这些应急设备的安装位置和数量也不相同，但是，这些设备的启用时机相同，都必须在发生危害列车行车安全或危及人身安全的紧急情况下使用。

火灾紧急报警器如图7-4所示。

图7-4　火灾紧急报警器

自动扶梯紧急停机装置如图7-5所示。

图7-5 自动扶梯紧急停机装置

车站紧急停车按钮如图7-6所示。

图7-6 车站紧急停车按钮

屏蔽门应急门如图7-7所示。

图7-7 屏蔽门应急门

另外，每个车站的综控室配备一个紧急用品箱，箱面印有"紧急用品"字样。箱内应至少配备表7-6所列的工具和用品。

表7-6 紧急用品箱

名称	数量	名称	数量
防护帽	2顶	测量用皮尺（15 m）	1把
防护荧光背心	2件	大型标贴（警示用）	2张（1 m×0.5 m）
手电筒	2个（充电式）	恢复行车服务证明表格	6张
写字夹板（带纸）	2套	告示贴（不同尺寸）	1本
剪刀	1把	反光带	1卷
车站（岔区）线路平面图	1份	胶带	6个
原子笔、铅笔、白色粉笔	各2支		

车站还需配备急救箱和担架、床，以备发生事故或意外时使用。需配备工具箱，方便站内简单的维修工作及发生事故时供事件处理人员使用。需配备的其他工具和用品如下。

（1）发放通告的告示杆。

（2）手提扬声器。

（3）可移动的围栏。

（4）在地面车站，配备防水板和沙包以防止水淹或水浸。

（5）呼吸器。

（6）逃生面具。

（7）便携式扶梯，每车站4个，分别在车站行车值班室和行车副室各放置2个，要指定专人保管。

（8）湿毛巾，每车站至少150条，当车站发生火灾、生化恐怖袭击时，分发给乘客使用。湿毛巾分别存放于车站的售票室和行车值班室。

（9）抢险锤，每车站一只，统一放置于车站行车值班室，要指定专人保管。

3. 常用应急设备的使用方法

1）应急梯子的使用

在使用应急梯子时，要注意以下事项。

应急梯子使用的注意事项见表7-7。

表7-7 应急梯子使用的注意事项

序号	注意事项
1	以绝缘物料制造或有绝缘保护
2	在使用前应认真进行检查，确保应急梯子完整牢固、状况良好

续表

序号	注意事项
3	使用应急梯子时，不允许垫高或驳接使用，应急梯子与地面之间的夹角以60°为宜
4	在水泥或光滑的地面上，应使用梯脚装有防滑胶套或胶垫的梯子，使用人字梯时应挂好安全链钩
5	在泥土地面上，应使用梯脚带有铁尖的应急梯子
6	禁止把应急梯子放在不稳定的支持物或带电设备上使用
7	登梯作业时，不能两人同时站在同一梯子上，必须有人监护并扶梯
8	使用中的应急梯子禁止移动，以防造成从高处坠落
9	在管道上使用应急梯子时，梯顶须有挂钩，或用绳索将梯子与管道捆绑牢靠
10	靠在门前使用应急梯子，必须有人看守或采取防止门突然开启的措施
11	使用人字梯前，应检查应急梯子的铰链和限制开度的链条是否完好，在人字梯上工作时，不能采取骑马或站立的姿势，以防梯脚自动展开造成事故
12	每6个月检查一次梯子，并将检查日期及下次到期检查的日期标于梯子上
13	使用梯子后，将其存放在指定位置并上锁；在配电房内搬运梯子应与带电部分保持足够的安全距离

2）绝缘杆的使用和保管事项

绝缘杆由针、钩、刀三部分组成。使用时要先将第一节伸出、扣紧，再进行其他安装。使用时手抓杆中橙色部分（此处较粗，有防滑作用）。绝缘杆的各个部分是绝缘的，使用时人的身体距离接触网要有0.7 m的安全距离，且绝缘杆应与绝缘防护用品（绝缘靴、绝缘手套）配套使用。

刀主要用于塑料薄膜缠绕在接触网上的处理，也可以用于处理气球（割断绳、线）。用刀割接触网上的物品时，要注意不能割伤接触网表面。钩主要用于从接触轨附近钩取缠绕的物品。针一般用于处理气球，也可以用在接触轨附近有掉物时，将异物戳上来。

绝缘杆存放在车站监控亭，绝缘靴、绝缘手套存放在车站的变电所控制室工具箱内，使用时要迅速到变电所取拿；绝缘杆的刀、钩、针较锋利，日常不使用时要将刀、钩、针的锋利部分用笔套或其他物品覆盖，小心刮伤身体。

 学习思考

1. 城市轨道交通安全事故有哪些危害？

2. 分析你知道的某个城市轨道交通事故案例。

知识链接

IBP 盘的紧急停车和扣车操作

所有车站均设置紧急停车信号系统设备，包括在站台上设置的站台紧急停车按钮（PEP）、站台监控亭的紧急停车按钮和车控室 IBP 盘上的紧急停车按钮，同时在 IBP 盘上设置紧急停车复原装置。在紧急情况下，通过按压紧急停车按钮，RATP 将在站台轨道区段采取安全零速限制，联锁系统将关闭相关信号机。对于站台区域内的列车，以及安全制动距离已在站台区域内的列车，将立即采取紧急制动。

IBP 盘的操作

操作方式	具体描述
站台操作	当站台上的任一紧急停车按钮被破封按压后，对应的站台侧 PEP 按钮表示灯、站台监控亭内的紧急按钮表示灯和 IBP 盘上的表示灯也同时点亮，本站和联锁站上的蜂鸣器鸣响，ATP 授权相应站台区域列车前进信号立即被解除，在车站控制室和控制中心的 ATS 工作站上紧急停车表示灯点亮
车站控制室操作	当紧急情况发生，需要对站台区域进行防护时，首先必须确认线路方向，破封按下对应线路的紧急停车按钮，此时该线路对应的 IBP 盘紧急停车表示灯将点亮、蜂鸣器鸣响；相对应的站台 PEP 按钮表示灯、站台监控亭内的紧急停车按钮表示灯也同时点亮。紧急情况处理完毕后，检查危及行车、人身、设备安全的情况并确认危险消失后，可破封按压紧急停车复原按钮，此时，对应的 IBP 盘紧急停车按钮表示灯、蜂鸣器、相对应的站台 PEP 按钮表示灯、站台监控亭内的表示灯将恢复常态。对于蜂鸣器的切除，也可以单独通过按压切断警铃按钮，将蜂鸣器鸣响切除
车站站台监控亭操作	将站台监控亭内对应的站台侧紧急停车按钮破封，并按压紧急停车按钮，对应的站台侧监控亭内的紧急停车按钮表示灯、站台 PEP 按钮表示灯和 IBP 盘上的表示灯也同时点亮，本站和联锁站上的蜂鸣器鸣响

任务实训

> 2014 年 11 月 6 日 18 时 57 分，北京地铁 5 号线惠新西街南口站一女性乘客在乘车过程中卡在屏蔽门和车门之间，列车启动后掉下站台，车站工作人员立即采取列车紧急停车和线路停电措施，迅速将受伤乘客抬上站台，由 120 急救车送往中日友好医院。
>
> 请思考，如果你是工作人员，该采取什么样的应急处置程序？

 评价表

根据以上学习内容，评价自己对相关知识与技能的掌握程度，在相应空格打"√"。

评价内容	差	合格	良好	优秀
掌握城市轨道交通运营突发事件概念				
掌握城市轨道交通运营突发事件特点				
掌握城市轨道交通运营突发事件分类				
掌握突发事件应急处置报告程序				
掌握突发事件应急处置原则				
掌握城市轨道交通应急设备及其操作				
学习中存在的问题或感悟				

知识点二 客运组织突发事件应急处置

一、突发大客流的应急处置

（1）车站发生突发大客流情况时，现场人员应及时通知值班站长、行车值班员，行车值班员接到报告后应立即按照报告程序向相关部门进行汇报。

（2）值班站长根据现场情况，组织实施限流疏导措施，积极了解大客流乘客目的地，加强宣传疏导，必要时采取分批放行、单进单出、只出不进等措施。并将车站出现大客流情况向驻站民警通报，协助车站维护现场秩序。

（3）行车值班员利用车站广播向乘客进行宣传，通过监控实时了解现场情况，发现问题及时汇报，必要时向行车调度员申请加开临时车辆。

城市轨道交通车站突发大客流如图 7-8 所示。

（4）票务员减缓售票速度直至暂停售票并悬挂提示牌，减少进站通道，调节乘客进站速度。关注乘客动态，及时制止乘客不安全行为，缓解现场乘客情绪，发现问题及时汇报。

图 7 - 8　城市轨道交通车站突发大客流

（5）站台岗加强宣传疏导，及时制止乘客抢上抢下等不安全行为。

（6）站厅、通道疏导人员加强宣传疏导，避免客流交叉，防止拥挤摔倒，关注饱和度，及时向值班站长报告。

（7）行车值班员在向有关部门报告后，应坚守岗位，严密监视综合监控设备、信号显示状况，严格按照有关规定认真办理相关作业，并随时将现场情况向行车调度员、生产调度室及站区报告。

（8）工作人员在参与突发大客流的处置过程中，应认真履行本岗职责，做到沉着果断、遵守纪律、服从指挥，严禁擅自离开指定岗位。

突发大客流应急处置方法如图 7 - 9 所示。

图 7 - 9　突发大客流应急处置方法

二、照明熄灭的应急处置

（1）车站照明突然全部熄灭或大范围熄灭且无法立即恢复时，行车值班员应按照报告程序进行汇报。报告内容包括：照明熄灭情况、列车运行位置、综合监控系统及信号设备受影响情况、车站内乘客滞留情况。

（2）值班站长应立即到达现场，担任现场负责人，组织指挥处理工作，在上级领导到达现场后，应主动汇报现场情况，并服从上级领导的指挥，将车站出现照明熄灭情况向驻站民警通报，协助民警维护现场秩序。

（3）车站照明长时间不能恢复，工作人员要在现场负责人的指挥下，疏导乘客有序出站，并封闭车站。

（4）行车值班员立即准备好所有应急照明器材，包括：应急灯、手电筒、信号灯等。同时利用车站广播系统向乘客播放应急通知。

（5）现场人员立即利用应急照明设备，为乘客提供照明，宣传疏导乘客，防止秩序混乱，稳定乘客情绪，并为乘客指示明确的疏散路径引导其出站。

（6）若车站屏蔽门无法关闭，现场人员应密切关注站台边缘及四角，防止意外发生。

（7）票务员立即利用应急照明设备，停止票务工作，关闭售票窗口，保管好票款，锁闭门窗，协助疏导乘客迅速有序出站，必要时依据相关规定办理退票手续。

（8）现场负责人指定专人立即打开特殊通道，宣传疏导乘客迅速有序出站，关闭车站扶梯、直梯。并派专人看守出入口大门，悬挂提示牌，阻止乘客进站，以保证上级领导及抢险人员随时能够进入车站。

（9）对于进站列车、站停列车、即将出站的列车均需暂时停车，并开启列车全部照明，为疏散乘客提供照明，在得到行车值班员的允许后方可继续运行。

（10）站区领导在接到发生险情的报告后，应在所辖区域内调集机动人员前往支持。之后，立即赶赴现场，负责指挥现场处理工作。

（11）行车值班员在向有关部门报告后，应坚守岗位，严密监视综合监控设备、信号显示状况，严格按照相关规定认真办理相关作业，并随时将现场情况向行车调度员、生产调度室及站区报告。

（12）工作人员在参与车站照明全部熄灭的处置过程中，应认真履行本岗位职责，做到沉着果断、遵守纪律、服从指挥，严禁擅自离开指定岗位。

照明熄灭应急处置方法如图 7-10 所示。

图 7-10　照明熄灭应急处置方法

三、电梯突发事件的应急处置

1. 非正常情况应急处置措施

（1）在乘客乘梯低峰时段，行车值班员严密监控 ISCS 设备系统，并通过 CCTV 设备进行监控，值班站长或其指定的专人对站内所辖电梯进行巡视。车站突发大客流时，车站工作人员视现场乘梯情况，及时关闭可能造成乘客受伤害的电梯，并采取相关应急处置措施。

（2）在乘客乘梯高峰时段，行车值班员应严密监控 ISCS 设备系统，并加强广播宣传工作，值班站长指定专人对重点电梯进行安全值守工作，积极安排乘客安全、有序地乘梯。现场工作人员发现自动扶梯出现人员拥挤，可能危及人身安全时，应立即阻止后续乘客继续乘梯，确认自动扶梯无乘客后，采取停梯措施，并疏导乘客改走步梯，及时向值班站长报告。

（3）现场工作人员发现自动扶梯出现异音、异响等异常情况时，应提示乘客扶好扶手带，立即采取停梯措施，并及时向值班站长报告。

（4）遇雨、雪等极端恶劣天气，且影响乘客安全乘梯等情况时，车站工作人员及时关闭出入口等处的相关电梯，并迅速采取相关应急处置措施。

2. 自动扶梯发生乘客摔伤的应急处置

自动扶梯发生乘客摔伤场景如图 7 – 11 所示。

图 7 – 11　自动扶梯发生乘客摔伤场景

（1）自动扶梯在运行中遇乘客摔倒时，现场工作人员应提示乘客扶好扶手带，采取停梯措施，在上下端入口处摆放围挡，引导乘客改走步梯，做好安抚和疏导工作，并按照报告流程报告。

（2）车站值班站长立即到达现场，组织对伤者进行救治，必要时拨打急救电话，视情况采取封闭出入口及通道等措施。

（3）维保单位确认电梯正常后方可开梯运行。

自动扶梯发生乘客摔伤的应急处置方法如图 7 – 12 所示。

图 7 – 12　自动扶梯发生乘客摔伤的应急处置方法

3. 垂直电梯非正常停梯的应急处置

垂直电梯非正常停梯场景如图 7 – 13 所示。

图 7 - 13　垂直电梯非正常停梯场景

（1）垂直电梯在运行中发生故障或停电后，乘客被困在轿厢内时，车站工作人员通过现场、警铃、对讲装置、ISCS、BAS、视频监视等方式发现紧急情况后，立即向维保单位报修。

（2）车站值班站长通过综控室与轿厢内的对讲设备或其他方式，了解电梯轿厢所停的位置、被困人数、是否有病人或其他危险因素等情况，全程和被困乘客保持沟通，安抚乘客，告知轿厢内被困乘客应注意的事项。

（3）按照报告流程报告。

（4）维保单位确认电梯正常后方可开梯运行。

4. 电梯发生火灾时的应急处理程序

（1）车站工作人员通过 FAS、ISCS、BAS、视频监视等方式发现电梯火灾情况时，立即到达现场确认火灾情况，提示乘客扶好扶手带，及时关闭电梯设备，同时按照报告流程报告。

（2）及时使用灭火器材灭火，未确认电梯电源断开前不得使用消火栓。

（3）车站值班站长立即到达现场，在上下端入口处摆放围挡，疏散客流。

（4）车站行车值班员通过车站广播，提示乘客尽快离开着火区域。

（5）维保单位确认电梯正常后方可开梯运行。

电梯发生火灾时的应急处理方法如图 7 - 14 所示。

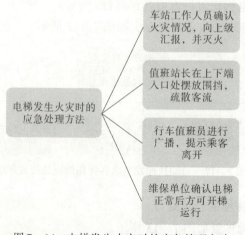

图 7 - 14　电梯发生火灾时的应急处理方法

四、区间疏导乘客的应急处置

（1）行车值班员在接到行车调度员关于列车需要在区间疏导乘客的指令后，应立即按照报告程序向相关部门进行汇报。

（2）列车因各种原因在区间被迫停车而无法驶入车站，需要疏导乘客时，行车值班员在行车调度员下达区间疏导乘客的命令后，车站人员应立即采取封闭车站的措施，并开启疏散方向就近方向的屏蔽门，架设便携式扶梯，做好进入区间疏散乘客的准备。同时开启车站广播系统向乘客播放应急广播，根据现场情况开启迫停列车所在线路两侧区间的全部照明。

（3）如区间疏散点距离车站较近，行车值班员在确认上、下行接触轨停电后，车站工作人员可进入区间进行疏散工作。现场负责人需与司机确认疏散方式及疏散方向后，方可开始进行乘客疏散工作。

（4）疏导完毕后，现场负责人应指定专人对车内、上下行区间再次进行检查，确认乘客及抢险人员已全部撤至站台或安全区域，且线路无人员、物品遗留后，方可向值班站长及行车值班员报告，行车值班员应立即将现场情况向相关部门汇报。

（5）站区领导在接到发生险情的报告后，应在所辖区域内调集机动人员前往支持，之后，立即赶赴现场，负责指挥现场处理工作。

城市轨道交通工作人员疏散乘客如图 7 - 15 所示。

图 7 - 15　城市轨道交通工作人员疏散乘客

（6）行车值班员在向有关部门报告后，应坚守岗位，严密监视综合监控设备、信号显示状况，严格按照相关规定认真办理相关作业，并随时将现场情况向行车调度员、生产调度室及站区报告。

（7）工作人员参与列车在区间被迫停车的处置过程中，应认真履行本岗位职责，做到沉着、果断，遵守纪律，服从指挥，严禁擅自离开指定岗位。

区间疏导乘客应急处置方法如图 7 - 16 所示。

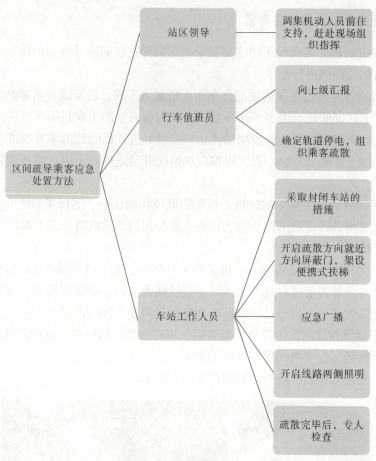

图 7 - 16　区间疏导乘客应急处置方法

五、列车临时清人的应急处置

（1）行车值班员在接到行车调度员关于列车需要在车站进行临时清人的指令后，应立即按照报告程序向相关部门进行汇报。

（2）值班站长接到报告后立即到达站台，组织工作人员进行列车临时清人工作。并将车站出现临时清人情况向驻站民警通报，协助车站维护现场秩序。

（3）待清人列车到达车站后，行车值班员利用广播通知站台人员开始组织列车临时清人作业，并向乘客做好宣传解释工作。列车停稳，屏蔽门及车门开启后，工作人员迅速进入车厢，动员车内乘客立即下车。

（4）经反复宣传，仍有乘客拒不下车时，将车内滞留乘客的情况向行车调度员报告并接受进一步指令。但对于担当救援的列车和进入折返线、库线的列车必须清下车内全部乘客。遇有乘客拒不下车且影响运营时，立即将现场情况向民警反馈，请求协助处理。

（5）在清车过程中，其他岗位工作人员应维护好车站内的秩序，依据现场情况采取限制售票等延缓或阻止乘客进站的措施。

列车临时清人应急处置方法如图 7 - 17 所示。

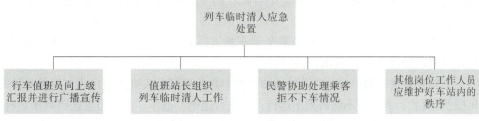

图 7 - 17　列车临时清人应急处置方法

六、地铁外部人员（简称地外）伤亡事故的应急处置

（1）车站发生地外伤亡事故后，现场人员应立即将事故发生的时间、地点、涉及列车及简要情况向行车值班员报告。

（2）行车值班员接到现场人员报告后，应立即按照报告程序向相关部门进行汇报，必要时拨打"120"，同时开启车站广播系统向站内乘客播放应急广播。

（3）值班站长应立即到达现场，担任现场负责人，组织指挥处理工作，在上级领导到达现场后，应主动汇报现场情况，并服从上级领导的指挥。并将车站出现地外伤亡情况向驻站民警通报，协助车站维护现场秩序。

（4）现场工作人员迅速从目击乘客中挽留两名以上非城市轨道交通企业职工作为证人，指定专人负责索取证明材料。证人有急事不能留住时，应记下其工作单位、家庭住址及联系电话等。

（5）票务员应维护好站厅秩序，依据现场负责人的指令，采取限制售票等延缓或阻止乘客进站的措施，必要时依据相关规定办理退票手续。

城市轨道交通列车夹人、夹物如图 7 - 18 所示。

图 7 - 18　城市轨道交通列车夹人、夹物

（6）需下站台查看及处理时，必须在确认接触轨停电后，打开单个屏蔽门，由值班站长指定专人进行。

（7）现场查看时，在未发现当事人或当事人未死亡的情况下，严禁送电、动车；找到被轧者后应查看其伤亡情况，无法断定是否死亡的一律按伤者处理，应设法将其尽快移上站台。

（8）如被轧者未亡，尽一切努力避免动车救人，但在只有动车方可救人的情况下，动车决定必须由现场公安人员做出。

（9）需对伤者进行救护时，应及时通知急救中心并指派专人到指定出入口迎候救护车辆。如当事人已经死亡，其位置不妨碍列车运行，可先行送电、通车。如其位置妨碍列车运行，可将尸体移上站台或移至边墙、道沟等不侵界位置并进行遮盖和标记，再行送电、通车。

（10）除现场处理人员以外的其他车站工作人员应做好遣散围观乘客，维护站台、站厅秩序工作。

（11）上级领导和公安人员到达现场后，现场负责人应主动汇报处理工作的进展情况，服从上级领导的指挥。车站工作人员应积极协助公安人员的调查工作。涉及刑事案件的地外伤亡事故，应尽量保护现场，尽一切可能留住可疑人员、知情人员及可提供线索人员。

（12）站区领导在接到发生险情的报告后，应在所辖区域内调集机动人员前往支持，之后，立即赶赴现场，负责指挥现场处理工作。

（13）行车值班员在处理过程中，应依据行车调度员指令，严格按照相关规定认真办理停送电、行车组织等工作。认真做好以下内容的记录：发生时间、地点、车次、车组号、请求停电时间、通知停电时间（含二次请求停电时间）、处理过程、抢救过程、行车调度员指令、请求送电时间、通知送电时间（含二次请求送电时间）、恢复运营时间等。

（14）工作人员在参与发生地外伤亡事故处置过程中，应认真履行本岗职责，做到沉着、果断，遵守纪律，服从指挥，严禁擅自离开指定岗位。

地外伤亡事故应急处置方法如图7－19所示。

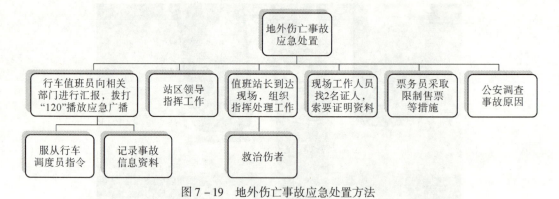

图7－19　地外伤亡事故应急处置方法

七、火灾事故的应急处置

（1）当车站发生火情时，就近岗位人员应积极做好扑救工作，并迅速查明事故发生的时间、地点、简要情况等，向值班站长及行车值班员报告。行车值班员应立即携带通信工具、灭火器赶往现场进行确认、扑救，并随时将现场情况通知室内行车值班员。

城市轨道交通工作人员扑救城市轨道交通车站火灾如图7－20所示。

图 7 – 20　城市轨道交通工作人员扑救城市轨道交通车站火灾

（2）接到相关报告后，行车值班员应立即按照报告程序进行汇报，必要时拨打火警电话报警，将火灾报警控制主机转换到联动防灾运行模式，将消防泵控制按钮转换至自动位。同时开启车站 FAS 广播系统向站内乘客播放应急广播，确认检票闸机转换至开放状态，确认风机、扶梯、直梯、防火卷帘门等设备符合火灾运营模式。

（3）车站发生火灾，如设备未正常联动，行车值班员应按照"火灾模式"，开启 IBP 盘上的相关设备启动按钮，采取灭火、通风措施。

（4）若列车在站起火，行车值班员应及时采取扣车措施，防止列车继续运行。若区间起火，行车值班员应关闭相关信号机，防止后续列车进入，同时应采取措施防止另一方向列车驶入事发区域。

（5）值班站长应立即到达现场，担任现场负责人，组织指挥处理工作，在上级领导到达现场后，应主动汇报现场情况，并服从上级领导的指挥。将车站出现火灾情况向驻站民警通报，协助维护车站现场秩序。

（6）现场工作人员立即就近取出灭火器对火势进行初期扑救或控制，同时尽快疏散着火点周围的乘客，必要时向站内乘客发放湿毛巾，并将其引导至公安人员设置的控制区或安全区域。

（7）票务员立即停止票务工作，关闭服务窗口，保管好票款，锁闭门窗，协助疏导乘客迅速有序出站，必要时依据相关规定办理退票手续。

（8）值班站长指定专人立即打开特殊通道，宣传疏导乘客迅速有序出站，关闭车站扶梯、直梯。并派专人看守出入口大门，悬挂提示牌，阻止乘客进站，保证上级领导及抢险人员随时能够进入车站。

（9）参与扑救的工作人员应在做好自身防护的情况下，按照消防规定参与灭火工作。扑救电气设备火灾时应注意未断电时严禁用水扑救，严防触电事故发生。

消防人员扑救城市轨道交通车站火灾如图 7 – 21 所示。

图 7 – 21　消防人员扑救城市轨道交通车站火灾

（10）在有人员伤亡的情况下，将伤者移至在安全地带设置的候援区，同时通知急救中心，并指派专人到指定出入口迎候救护车辆。

（11）上级领导及公安消防人员到达现场后，现场负责人应主动汇报处理工作进展情况，服从上级领导指挥。

（12）站区领导在接到发生险情的报告后，应在所辖区域内调集机动人员前往支持。之后，立即赶赴现场，负责指挥现场处理工作。

城市轨道交通工作人员救治伤者如图 7 – 22 所示。

图 7 – 22　城市轨道交通工作人员救治伤者

（13）行车值班员在向有关部门报告后，应坚守岗位，严密监视综合监控设备、信号显示状况，严格按照相关规定认真办理相关作业，并随时将现场情况向生产调度室及站区报告。

（14）工作人员在参与各类火灾事故处置过程中，应认真履行本岗位职责，做到沉着、果断，遵守纪律，服从指挥，严禁擅自离开指定岗位。

八、突降雨雪的应急处置

（1）雨雪特殊天气下车站应按照《防汛预案》《雪天应急预案》内容，认真执行相应规定。

城市轨道交通突遇降雪如图 7-23 所示。

图 7-23　城市轨道交通突遇降雪

（2）遇突降雨雪时，行车值班员应立即按照报告程序向相关部门进行汇报；车站应做好区域防滑措施，避免乘客发生滑倒、摔伤事件；指定专人对出入口及车站区域内隐患部位进行巡视，发现险情及时处置；遇夜间降雨、降雪时，车站应密切关注出入口及运营设备动态，避免影响次日运营事件发生。

（3）在铲冰除雪工作过程中，车站全体职工应服从安排。

突降雨雪应急处置方法如图 7-24 所示。

图 7-24　突降雨雪应急处置方法

九、发生自然灾害时的应急处置

（1）当发生地震、水灾等自然灾害导致城市轨道交通中断运营需要封闭车站时，现场工作人员要将发生的简要情况向行车值班员报告。

（2）行车值班员应立即按照报告程序汇报。同时通过中央监控系统对出入口及客流进行监视，并利用广播向站内乘客进行广播宣传。

（3）站区领导在接到报告后，应在所辖区域内调集机动人员前往支持。本人立即赶赴现场，负责指挥现场处理工作。

城市轨道交通车站突遇大暴雨如图 7 – 25 所示。

图 7 – 25　城市轨道交通车站突遇大暴雨

（4）车站工作人员要迅速疏导乘客有序出站，积极抢救伤员，并组织乘客开展自救、互救。结合车站、线路现场状况，遇有照明熄灭、列车迫停区间、列车清人、列车救援、物品侵入限界等情况时，启动相应突发事件处置预案，积极应对，从最大限度上减少人员伤亡和财产损失。

（5）行车值班员在向有关部门报告后，应坚守岗位，严密监视综合监控设备、信号显示状况，严格按照相关规定认真办理相关作业，并随时将现场情况向行车调度员、生产调度室及站区报告。

（6）工作人员在参与发生自然灾害处置过程中，应认真履行本岗位职责，做到沉着、果断，遵守纪律，服从指挥，严禁擅自离开指定岗位。

发生自然灾害时的应急处置方法如图 7 – 26 所示。

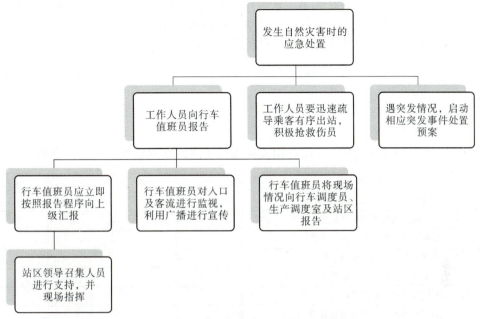

图 7 – 26　发生自然灾害时的应急处置方法

 学习思考

1. 车站发生火灾时，工作人员应采取哪些措施来减少乘客的人身和财产损失？

2. 城市轨道交通车站自动扶梯发生乘客摔伤应如何处理？

3. 城市轨道交通车站发生列车夹人事故应该如何处理？

任务实训

　　某晚高峰时段，一乘客在北京地铁 5 号线驶往天通苑北方向的惠新西街南口站，被夹在闭合的安全门和车门中。随后车子开动，乘客被挤后跌落站台。

　　请问城市轨道交通工作人员应如何进行应急处置？

评价表

　　根据以上学习内容，评价自己对相关知识与技能的掌握程度，在相应空格打"√"。

评价内容	差	合格	良好	优秀
掌握突发大客流的应急处置				
掌握照明熄灭的应急处置				
掌握电梯突发事件的应急处置				
掌握列车临时清人的应急处置				
掌握火灾事故的应急处置				
掌握城市轨道交通应急设备的操作				
掌握区间疏导乘客的应急处置				
掌握地外伤亡事故的应急处置				
掌握突降雨雪的应急处置				
掌握发生自然灾害时的应急处置				
学习中存在的问题或感悟				

知识点三　机车车辆突发事故应急处置

一、列车运营中发生火灾的应急处置

　　（1）乘务员发现列车有异味、异音、异状、冒烟、起火等情况时，应及时到事发处查找故障原因，及时采取前期应急处置措施，必要时彻底切断故障车供电电源，对冒烟、起火部位使用灭火器准确喷扑。

　　（2）列车在区间发生火灾时，乘务员应及时将列车着火情况报告行车调度员或前方站综控员，寻求指示；同时尽可能将列车运行到前方车站或有乘降条件的地方，判断引起火灾的原因，必要时断开电路保险或开关，视情况使用灭火器进行扑救。如着火部位需接触轨停电，应及时与行车调度员联系，做好防溜措施。

　　（3）线路设备发生火灾时，乘务员应立即停车，及时将现场情况报告行车调度员或就近站综控员，请求组织扑救工作；如火势对列车没有辐射影响时，应立即将列车开往前方车站；线路设备火势较大致使列车不能通行时，乘务员要报告行车调度员请求退行到后方车站，同时利用车厢广播稳定乘客情绪；接到行车调度员允许列车退行命令时，严格按有关规章制度办理。

城市轨道交通列车发生火灾场景如图 7 – 27 所示。

图 7 – 27　城市轨道交通列车发生火灾场景

（4）参与扑救的工作人员应在做好自身防护的情况下，按照消防规定参与灭火工作。扑救电气设备火灾时应注意未断电时严禁用水扑救，严防触电事故发生。

（5）在有人员伤亡的情况下，乘务员应将伤者送至前方站，交由车站处理。

（6）上级领导及公安消防人员到达现场后，现场负责人应主动汇报工作进展情况，服从上级领导指挥。

城市轨道交通工作人员对乘客进行救援如图 7 – 28 所示。

图 7 – 28　城市轨道交通工作人员对乘客进行救援

（7）乘务中心主任在接到发生险情的报告后，应在所辖区域内调集机动人员前往支援。之后本人立即赶赴现场，并在到达现场后，担任现场负责人，负责指挥现场处理工作。

（8）乘务员在向有关部门报告后，应坚守岗位，严密监视信号显示状况、车辆状况，严格按照相关规定认真办理相关作业，并随时将现场情况向行车调度员报告。

（9）城市轨道交通工作人员在参与发生各类火灾事故处置过程中，应认真履行本岗位职责，做到沉着、果断，遵守纪律，服从指挥，严禁擅自离开指定岗位。

列车运营中发生火灾应急处置如图 7-29 所示。

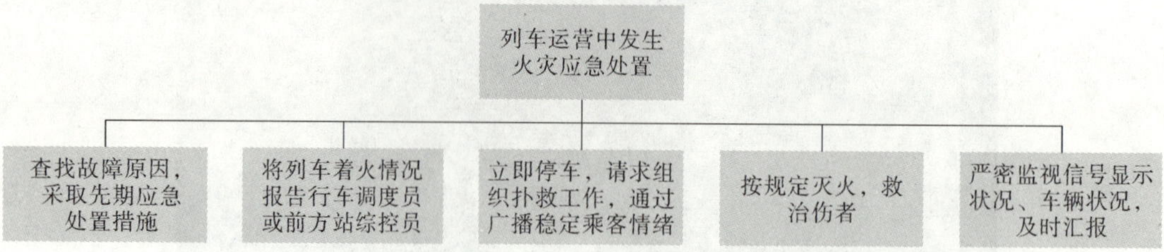

图 7-29　列车运营中发生火灾应急处置

二、接触轨突然无电的应急处置

城市轨道交通接触轨位置如图 7-30 所示。

图 7-30　城市轨道交通接触轨位置

（1）列车尽可能停靠在车站站台上，若不能进站时，应使列车停在平直线路上，将列车制动妥当，并将情况报告行车调度员。

（2）当接触轨较长时间不能送电或接到行车调度员有关命令时，应及时采取有效措施防止溜车，并按规定做好防护，同时利用车内广播向乘客做好解释工作，稳定乘客情绪。

（3）按行车调度员要求检查车辆时，要注意观察车辆，发现异常情况立即报告行车调度员。

（4）如查出车辆有故障点，应按规定进行处理，处理完毕后报告行车调度员，要求试送电。

接触轨突然无电应急处置方法如图 7-31 所示。

图 7-31　接触轨突然无电应急处置方法

三、遇异物侵入列车接近限界影响列车正常运行的应急处置

（1）乘务员发现有异物侵限时，应立即将现场情况向行车调度员、综控员报告，报告内容包括：发现时间、列车运行位置（百米标）、侵界物体概况、是否影响运营、列车损坏情况。

（2）乘务员应根据现场情况及时采取处置措施，侵界异物不影响行车时，乘务员应减速运行通过侵界地段；侵界异物影响运行应立即停车，若侵界异物可以移动，尽可能将侵界异物清除或移至不侵界位置，并将处置情况向行车调度员汇报；若侵界异物无法挪动，应及时向行车调度员说明情况，依据行车调度员指令办理；若需在区间疏散乘客时按区间疏散乘客相关规定执行。

遇异物侵入列车接近限界影响列车正常运行应急处置如图 7-32 所示。

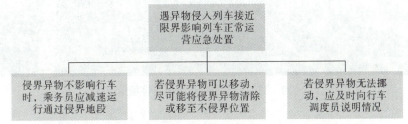

图 7-32　遇异物侵入列车接近限界影响列车正常运行应急处置

四、列车迫停的应急处置

（1）列车因各种原因迫停时，乘务员应采取有效制动措施防止列车溜动。

（2）乘务员利用列车广播向乘客做好宣传解释工作，稳定乘客情绪。

（3）乘务员应及时查找故障原因，并采取前期应急处置措施，如故障短时间内不能恢复应向行车调度员请求列车救援。

（4）列车需在站清人时，站务员、乘务员按临时清人程序进行处理。

（5）被救援列车乘务员应及时向行车调度员或综控员说明情况，同时问清救援列车开来的方向；迫停在区间时做好制动措施，必要时带好照明工具，到达救援列车开来方向，保持手台通话畅通，打开前照灯进行防护，做好引导接车准备。

列车因特殊原因迫停场景如图 7-33 所示。

（6）担当救援列车乘务员应了解前方列车迫停位置，按调度命令指示到达救援地点，并按照相关规定要求进行车辆连挂、推进作业。

（7）乘务中心主任在接到发生险情的报告后，立即赶赴现场，并在到达现场后，担任现场负责人，负责指挥现场处理工作。视现场情况在所辖区域内调集机动人员前往支援。

（8）乘务员在向有关部门报告后，应坚守岗位，严密监视信号显示状况、车辆状况，严格按照相关规定认真开展相关作业，并随时将现场情况向行车调度员及生产调度室报告。

（9）工作人员在参与列车救援的处置过程中，应认真履行本岗位职责，做到沉着、果断，遵守纪律，服从指挥，严禁擅自离开指定岗位。

列车迫停应急处置如图 7-34 所示。

图 7-33　列车因特殊原因迫停场景

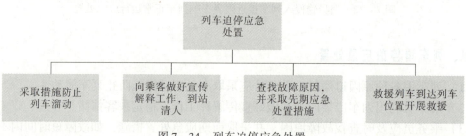

图 7-34　列车迫停应急处置

五、临时封闭车站的应急处置

乘务员接到前方车站临时封站的命令后，应提前向乘客做好宣传解释工作，使乘客做好换乘准备；列车在已封闭车站按规定速度通过。

六、发生爆炸的应急处置

（1）列车在站内发生爆炸，乘务员应了解现场情况，迅速报告行车调度员、综控员；并做好防溜、防护工作，利用广播进行宣传以稳定乘客情绪，防止混乱；如发生火灾，应立即采取措施处理。

（2）列车在区间内发生爆炸，如不影响列车继续运行，乘务员了解情况后迅速报行车调度员，将列车运行至前方站内停车，对车内乘客做好广播宣传工作。如爆炸后影响列车继续运行，乘务员应立即停车，将现场情况报告行车调度员，等待进一步指示；同时做好防溜、防护工作，对车内乘客做好广播宣传工作，需区间疏导乘客时按区间疏导乘客预案相关要求执行。

城市轨道交通发生爆炸事故场景如图7－35所示。

图7－35　城市轨道交通发生爆炸事故场景

（3）在有人员伤亡的情况下，乘务员应将伤者送至前方站，交由车站处理。

（4）乘务员在进行车辆相关作业后，协助车站做好疏散乘客工作。

（5）上级领导及公安人员到达现场后，现场负责人应主动汇报处理工作的进展情况，服从上级领导的指挥。

（6）工作人员应积极协助公安人员的调查工作。

（7）待爆炸事故处理完毕后，乘务员对车辆和现场进行检查，如影响行车安全，应向行车调度员汇报，按行车调度员命令办理。

（8）乘务中心主任在接到发生险情的报告后，应在所辖区域内调集机动人员前往支援，之后立即赶赴现场，并在到达现场后，协助现场处理工作。

（9）乘务员在向有关部门报告后，应坚守岗位，严密监视信号显示状况、车辆状况，严格按照相关规定认真开展相关作业，并随时将现场情况向行车调度员报告。

（10）工作人员在参与发生爆炸后先期处置过程中，应做好自身防护，认真履行本岗位职责，做到沉着、果断，遵守纪律，服从指挥，严禁擅自离开指定岗位。

发生爆炸应急处置如图7－36所示。

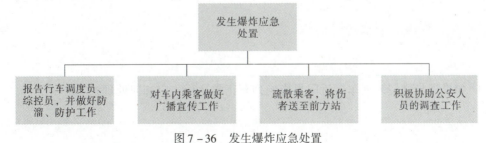

图7－36　发生爆炸应急处置

七、发生自然灾害时的应急处置

（1）发生水灾致使积水漫过道床时，如接触轨能正常供电，乘务员以能随时停车的速度运行，并及时将情况报告行车调度员；当积水漫过走行轨轨面时，乘务员应立即停车，并将情况报告行车调度员。

（2）因水灾造成路基塌陷、滑坡等危及行车安全时，应立即停车，并将情况报告行车调度员。

（3）发生地震时乘务员立即采取停车措施，防止溜车，迅速查明周围情况，报告行车调度员。

发生自然灾害时的应急处置如图7-37所示。

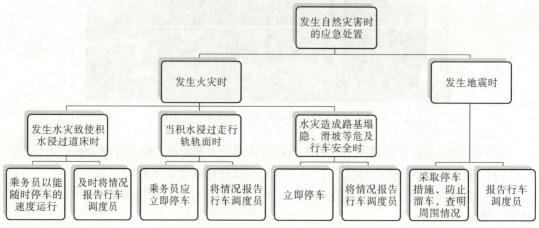

图7-37　发生自然灾害时的应急处置

 学习思考

1. 乘务员在车辆发生火灾时应采取什么具体措施？

2. 乘务员在列车迫停时应采取哪些措施？

3. 如果遇异物侵入列车接近限界影响列车正常运行，应如何处理？

知识链接

紧急情况下乘客应急疏散

（1）列车因发生突发事件需疏散乘客时，乘务员应及时采取先期应急处置措施，尽力将列车惰行至车站或地面线路再行疏散，并及时向行车调度员汇报情况。

（2）列车因各种原因在区间被迫停车而无法驶入车站，需要在区间疏导乘客时，乘务员在接到行车调度员指令后，应协助组织乘客进行疏散。

（3）如区间疏散点距离车站较近，由车站工作人员进入区间进行疏散工作，在封闭车站，且上、下行接触轨停电后，待现场负责人进入区间与司机确认疏散方式及疏散方向后，乘务员应立即打开具有疏散平台或具有疏散乘降条件一侧的逃生门，利用广播宣传疏导，并配合车站工作人员按调度员指定的车站或方向组织乘客疏散。

（4）如列车停于高架线，疏散点距车站较远，另一侧线路具备运营条件时，乘务员应向行车调度员报告，请求采取另一侧列车通过线路中部疏散平台接驳的方式进行救援。若另一侧线路因断电等不具备客运列车运营条件时，可采取轨道车连挂客运列车进行接驳救援。若现场不具备接驳条件，应将乘客疏散至具备运营条件位置，由列车进行接驳救援。

（5）因火灾、毒气、爆炸等原因，列车须在区间内疏散乘客时，乘务员应采用疏散平台或联络通道的疏散方式疏散，如：车头着火，车尾疏散；车尾着火，车头疏散；车中部着火，两端疏散。必要时可请求消防队利用云梯等设备进行区间疏散工作。疏散前及疏散过程中，乘务员要不间断地利用广播进行宣传疏导，将乘客疏散到安全位置等待进一步救援。

（6）疏导完毕后，现场负责人应指定专人对车内、上下行区间再次进行检查，确认乘客及抢险人员已全部撤至站台或安全区域，且线路无人员、物品遗留后，方可向值班站长及综控员报告，综控员应立即将现场情况向相关部门汇报。

（7）站区长、乘务中心主任在接到发生险情的报告后，应在所辖区域内调集机动人员前往支援，并立即赶赴现场，在到达现场后，担任现场负责人，负责指挥现场处理工作。

（8）综控员、乘务员在向有关部门报告后，应坚守岗位，严密监视综合监控设备、信号显示状况、车辆状况，严格按照相关规定认真办理相关作业，并随时将现场情况向行车调度员报告。

（9）工作人员参与列车区间被迫停车的处置过程中，应认真履行本岗位职责，做到沉着、果断，遵守纪律，服从指挥，严禁擅自离开指定岗位。

 **项目实训**

　　某日，北京地铁四号线由南向北方向的列车，行驶至西直门站时，由于列车故障，突然出现迫停。作为一名乘务员，应采取什么措施？

 评价表

　　根据以上学习内容，评价自己对相关知识与技能的掌握程度，在相应空格打"√"。

评价内容	差	合格	良好	优秀
掌握列车运营中发生火灾的应急处置				
掌握接触轨突然无电的应急处置				
掌握列车迫停的应急处置				
掌握遇异物侵入列车接近限界影响列车正常运营的应急处置				
掌握临时封闭车站的应急处置				
掌握发生爆炸的应急处置				
掌握发生自然灾害时的应急处置				
学习中存在的问题或感悟				

知识点四　通信设备突发事故应急处置

一、专用通信设备中断的应急处置

　　(1) 当双路交流电源同时停电，造成行车调度、电力调度的总、分机使用中断时的应急处置。

　　①运营公司调度室得知情况后迅速上报行车调度、总调度室。

　　②抢修人员赶赴现场，利用墙壁电源或其他 220 V 交流电源，以拉临时线方式，接通行车调度、电力调度的总、分机的电源，恢复其使用。

　　(2) 当调度电话、行车电话、广播全部中断时的应急处置。

　　①抢修人员赶赴现场，检查设备故障，对故障部件进行排除。

　　②恢复后及时通知运营公司调度室。

（3）爆炸、火灾造成设备损坏的应急处理。

当遇爆炸、火灾等情况造成通信设备损坏、在保证工作人员人身安全的情况下，开展如下工作。

①先查明设备损坏情况及所需备用设备和备品、备件。

②及时通知调度员调用所需物品到事故现场。

③利用现场的设备、工具、备品、备件，着手进行修复工作。

④故障设备修复，依次修复调度总、分机信号，PCM 数据传输系统，车站集中电话，广播系统，无线通信系统，通信专用电源系统，自动电话，电视监视系统，和其他相应设备。

专用通信设备中断应急处置如图 7 - 38 所示。

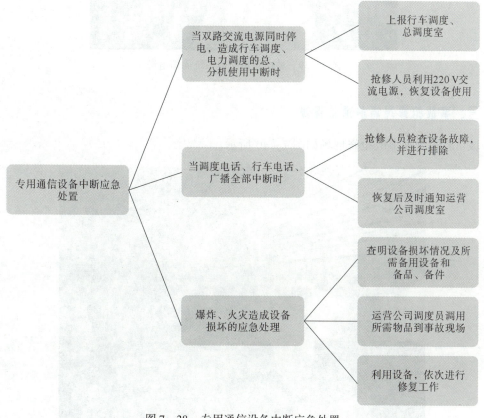

图 7 - 38　专用通信设备中断应急处置

二、通信电缆中断应急处置

（1）通信电缆中断抢修工作遵照的原则：即先主后次，先急后缓。

（2）通信电缆中断抢修采取的程序。

①抢修前，先询问用户，试验确认。

②抢修中，判断是设备内部故障还是设备外部故障，判断是整体故障还是局部故障，判断故障的大致范围，再逐步缩小范围直到故障点。

③抢修后，先进行复查试验，通知用户后方可离去。

城市轨道交通系统通信电缆如图7-39所示。

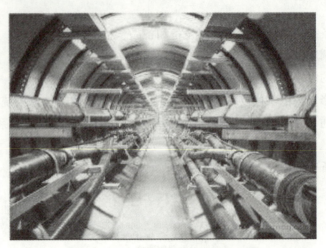

图7-39　城市轨道交通系统通信电缆

三、事故抢修现场的通信保障

城市轨道交通事故抢修现场如图7-40所示。

图7-40　城市轨道交通事故抢修现场

1. 现场采取的步骤

（1）当接到城市轨道交通公司现场指挥部要求为事故现场提供通信设备的通知后，生产调度室立即通知通信专业有关人员携带工具、材料、备品、备件赶赴事件现场。

（2）在事件现场抢修指挥部所处地点，为指挥部提供应急抢险对讲机。

（3）根据需要和现场条件，必要时提供自动电话1部。

事故抢修现场的通信保障步骤如图7-41所示。

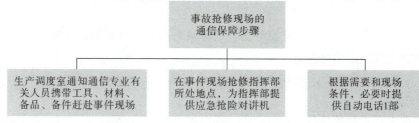

图 7-41　事故抢修现场的通信保障步骤

2. 抢修工作遵照的原则

通信部门在事件现场附近的车间、班组应从人力、物力等方面大力协助抢修单位，提供一切有利条件，支援事件抢修工作，事件处理完毕后，拆除临时电话和线路，恢复现场设备原有运行状态，并整理、清点、收回抢修现场使用的临时通信设备，妥善保管，以备再次使用。

 学习思考

1. 专用通信设备中断对于运营工作有什么危害？

2. 事故抢修现场如何保障通信？

 知识链接

通信电缆中断修复方法

1. 通信综合、中继链路、光缆及用户主干电缆线路同时中断的抢修

因火灾等原因造成通信综合、中继链路、光缆及用户主干电缆线路同时中断，要先修复用于行车等主要用户的电缆、光缆，再修复其他用户电缆。

修复方法：

（1）迅速判断电缆中断部位，找出重点用户线序和端别。

（2）如电缆损失长度不能与原有电缆相接时，要利用屏蔽双芯胶塑线临时搭接、包扎处理，尽快修复，先开通使用，等待修复时机。

2. 用户间不能通话的抢修

发生中继链路、光缆、用户电缆同时中断，造成用户不能通话，应首先修复用于两个电话局间的中继链路、光缆，然后修复用户电缆。

修复方法：

判明中断部位，立即组织迂回路由，同时核对出入中继线序，调整使用。

3. 用户电缆中断的抢修

用户电缆中断的抢修，应首先接通行车值班室、变电值班室等主要用户，然后接通其他用户。

4. 综合电缆中断的抢修

综合电缆中断时，采用相邻两个站间用户电缆，两对交叉跳线代替一对的使用方式，用于临时应急代替使用。

5. 光纤光缆中断的抢修

当光纤、光缆中断时，找到中断地点，如果中断点较短时，剥开中断点附近的光缆外护层，按芯线顺序分开，做好纤芯截面的处理，用备用纤芯作冷接，并做好固定和保护，使其恢复使用，迅速开通。如果中断点较长，则需在中断点的两端，用备用光缆与原光缆进行一对一的纤芯连接（先冷接，再固定连接），做好接头处理，安装好光缆接头盒，分别将两个接头盒进行牢固固定，使其恢复使用。

 项目实训

某日，北京地铁 1 号线苹果园站站台上行车尾处，发生列车剐蹭光缆事故，造成列车停运，请思考抢修采取的步骤是什么？

 评价表

根据以上学习内容，评价自己对相关知识与技能的掌握程度，在相应空格打"√"。

评价内容	差	合格	良好	优秀
掌握专用通信设备中断的应急处置方法				
掌握通信电缆中断抢修采取的步骤				
掌握保障事故抢修现场通信所采取的步骤				
学习中存在的问题或感悟				

知识点五　信号设备突发事故应急处置

一、通号电缆中断应急处置

（1）局部中断：起用备用电缆芯线，备用芯线不够用时应拉临时线恢复使用，应优先接通道岔控制电缆。

（2）完全中断：采用临时线恢复设备使用，待停运后更换新电缆恢复使用。

通号电缆中断应急处置如图7-42所示。

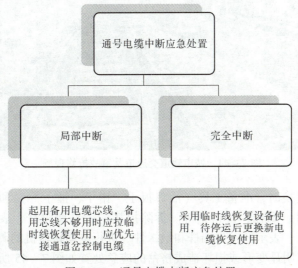

图7-42　通号电缆中断应急处置

二、挤岔事故应急处置

城市轨道交通轨道道岔如图7-43所示。

图7-43　城市轨道交通轨道道岔

（1）在线路单位认定尖轨未受损时，检查密贴调整杆、表示杆、尖端杆有无明显损伤，电动转辙机内部无损伤时可更换主、副挤切销。

（2）若线路单位认定尖轨未损坏或已损坏时，检查各种杆件及转辙机有无明显变形或损坏并造成尖轨第一连接杆处与基本轨不密贴。

①当道岔需要放在固定位置时，取出动作杆、表示杆的联结销子，甩开两杆，积极配合有关单位抢修，恢复行车。

城市轨道交通道岔事故抢修现场如图7-44所示。

图7-44　城市轨道交通道岔事故抢修现场

②当道岔需要更换时，准备工具（活口扳手、钳子、锤子等）和密贴调整杆、表示杆、尖端杆及绝缘件、螺栓、开口销等。拆除损坏的密贴调整杆、表示杆、尖端杆。更换、安装密贴调整杆、表示杆、尖端杆和绝缘件。进行电动转辙机的调整与试验。

杆件及转辙机有明显变形或损坏造成挤岔的应急处置如图7-45所示。

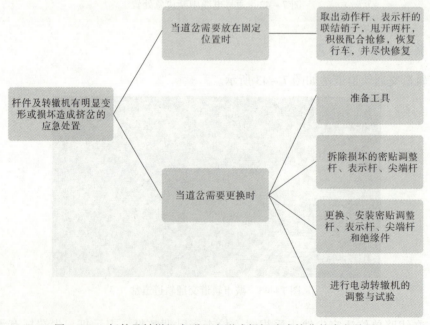

图7-45　杆件及转辙机有明显变形或损坏造成挤岔的应急处置

③当尖轨已确认损坏时，积极配合有关单位重装或调整安装密贴调整杆、表示杆、尖端杆和绝缘件。进行电动转辙机的调整与试验。

（3）当发生轨道断裂且线路单位做完应急处理后，信号人员可采用钩连线临时处理，待停运后再采用规定方式彻底恢复处理。

三、电动转辙机不能电动转换应急处置

当车站信号电源、电缆、道岔控制电路发生故障，致使电动转辙机不能电动转换时。
（1）立即通知行车部门及时采取应急措施。
（2）通知生产调度室或抢修指挥组采取措施组织人员进行抢修工作。
（3）按抢修程序做好先期抢修准备。
电动转辙机不能电动转换的应急处置如图 7 – 46 所示。

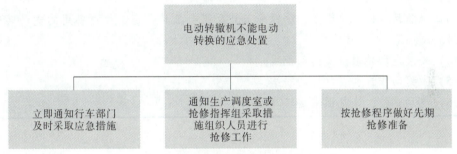

图 7 – 46　电动转辙机不能电动转换的应急处置

四、列车脱线应急处置

列车脱线时，造成电动转辙机或密贴调整杆、表示杆、尖端杆损坏时，应在有关人员确认线路、道岔完好后进行信号设备的抢修，若电动转辙机及有关信号设备不能及时修复，可向现场指挥部汇报拟采取的应急办法，尽快恢复行车。

 学习思考

1. 你知道哪些城市轨道交通脱线事故？城市轨道交通工作人员采取了哪些措施？

2. 什么叫挤岔事故？

城市轨道交通运营安全与突发事件处置

知识链接

> **电动转辙机故障，无法手摇时的应急处置**
>
> 1. 当道岔需要放在固定位置时
> （1）取出动作杆、表示杆的各联结销子，甩开两杆。
> （2）配合行车部门组织行车，并于条件允许时尽快修复。
> 2. 当电动转辙机需要更换时
> （1）拆下减速器和自动开闭器等部件，检查机械传动系统。如找到磨损部件，应更换其磨损部件。如不能判明原因，经组装后仍摇不动时，可更换电动转辙机。
> （2）通知有关人员往事故现场运送电动转辙机。
> （3）准备活口搬子及钳子，手锤等工具及组合工具一套。故障备用的电动转辙机及内部配钱。
> （4）安装电动转辙机及内部配线。
> （5）做好动作杆和表示杆的联结。
> （6）电动试验，恢复正常运转。

任务实训

> 2014年6月13日，某地铁信号楼值班员邓某因吃饭聊天，没有及时监控信号控制台，未及时发现施工工作人员擅自操作L2/8号道岔，导致道岔开通位置错误，出现挤岔事故，如果你是工作人员，应如何处置？

评价表

根据以上学习内容，评价自己对相关知识与技能的掌握程度，在相应空格打"√"。

评价内容	差	合格	良好	优秀
掌握通号电缆中断的应急处置方法				
掌握挤岔事故的应急处置方法				
掌握电动转辙机不能电动转换的应急处置方法				
掌握列车脱线的应急处置方法				
学习中存在的问题或感悟				

知识点六　抢险用品保管及使用安全规定

一、车站抢险必备物品

1. 呼吸器

掌握呼吸器的使用方法，定期进行检查，保证气瓶压力在规定的范围，压力不足要及时向生产调度室通报，确保突发情况发生时能够正常使用。各班组交接班过程中应进行检查，确保数量齐全、性能良好。

呼吸器如图 7－47 所示。

图 7－47　呼吸器

2. 防毒面具

必须掌握防毒面具的使用方法。车站每岗一副，随岗配发，随岗交接，各岗主岗人员负责保管并定期检查防毒面具的外观和滤毒盒包装、有效期情况。各班组交接班过程中应进行检查，确保数量齐全、性能良好，发现异常或有不符合标准的及时报生产调度室（每个车站规定不一样，有的车站上报安全质量管理部）。

防毒面具如图 7－48 所示。

图 7－48　防毒面具

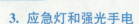

3. 应急灯和强光手电

应急灯和强光手电存放于各岗位，车站要定期检查应急灯的性能，按使用说明及时进行充电，专人管理建立充电登记制度，确保做到随取随用。各班组交接班过程中应进行检查，确保数量齐全、性能良好，发现异常或不符合标准的及时上报生产调度室。

应急灯和强光手电如图7-49所示。

图7-49　应急灯和强光手电

4. 担架、存尸袋

每自然站都会配备担架、存尸袋，并统一放置于车站综控室，由专人保管。各班组交接班过程中应进行检查，确保数量齐全、性能良好，发现异常或不符合标准的及时上报生产调度室。

担架如图7-50所示。

图7-50　担架

5. 便携式扶梯

每自然站配备四架便携式扶梯，分别放置于车站综控室或车站仓库，指定专人保管。各班组交接班过程中应进行检查，确保数量齐全、性能良好，发现异常或不符合标准的及时上报生产调度室。

便携式扶梯如图7-51所示。

图 7-51　便携式扶梯

6. 湿毛巾

每自然站配备 360 条湿毛巾，当车站发生火灾、生化恐怖袭击时，用于分发给乘客使用。湿毛巾分别存放于车站售票室和综控室，指定专人保管。各班组交接班过程中应进行检查，确保数量齐全、性能良好，发现异常或不符合标准的及时上报生产调度室。

湿毛巾如图 7-52 所示。

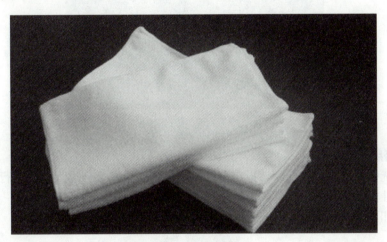

图 7-52　湿毛巾

7. 抢险锤

每自然站配备一只抢险锤，统一放置于车站综控室，指定专人保管。各班组交接班过程中应进行检查，确保数量齐全、性能良好，发现异常或不符合标准的及时上报生产调度室。

抢险锤如图 7-53 所示。

图 7-53　抢险锤

179

8. 液压钳

每自然站配备一只液压钳，统一放置于车站综控室，指定专人保管。各班组交接班过程中应进行检查，确保数量齐全、性能良好，发现异常或不符合标准的及时上报生产调度室。

液压钳如图 7-54 所示。

图 7-54　液压钳

9. 防滑垫

防滑垫统一放置于车站仓库，指定专人保管。各班组交接班过程中应进行检查，确保数量齐全、性能良好，发现异常或不符合标准的及时上报生产调度室。

防滑垫如图 7-55 所示。

图 7-55　防滑垫

10. 防滑牌

防滑牌统一放置于车站仓库，指定专人保管。各班组交接班过程中应进行检查，确保数量齐全、性能良好，发现异常或不符合标准的及时上报生产调度室。

防滑牌如图 7-56 所示。

图 7-56　防滑牌

二、列车抢险物品

（1）随车备品箱：箱内存放活扳手1把、螺丝刀1把、棘轮1把、车门苫布1块、克丝钳1把、偏口钳1把、接地装置1套、口罩2副、防毒面具2套、绝缘手套2副、绝缘鞋2双、白手套2套、绑扎带、绝缘胶带各1盘。

（2）呼吸器：每列车1台，统一放置于列车整体箱内，由乘务员交接保管。

（3）抢险毛巾：每列车配备若干条，统一放置于列车整体箱内，由乘务员交接保管。

抢险物品应由专人保管，严禁随意挪作他用，当出现故障、损坏或数量不足时应立即上报有关部门。

三、其他抢险品

（1）风力灭火机：应放置在指定位置，指定专人管理。各班组交接班过程中应进行检查，确保数量齐全、性能良好，发现异常，不符合标准的及时上报生产调度室。

风力灭火机如图7-57所示。

图7-57　风力灭火机

（2）防汛物资：应放置在指定位置，指定专人管理。进入汛期后，各班组交接班过程中应进行检查，确保数量齐全、性能良好，发现异常，不符合标准的及时上报生产调度室。

防汛物资如图7-58所示。

图7-58　防汛物资

（3）防雪物资：应放置在指定位置，指定专人管理。进入冬季后，各班组交接班过程中应进行检查，确保数量齐全、性能良好，发现异常，不符合标准的及时上报生产调度室。

四、车务中心抢险物品

车务中心抢险物品见表7-8。

表7-8　车务中心抢险物品

车务中心抢险物品			
名称	数量	名称	数量
CDF-1型复轨器	1台	DFF-1型复轨器	1台
5-6KVA汽油发电机组	1台	呼吸器	4台
50T液压千斤顶	2台	强光手电	10把
氙气灯	1盏	全方位自动升降工作灯	1盏
救援服	20件	四冲程内燃机泵	2台
独管15米液压胶管	2条	手动液压泵	1台
独管重型扩张/剪切两用钳	1把	独管液压撑杆	3根
扩张器专用拖链及挂钩	1个	双轮异向切割锯	1把

五、工程抢险车抢险物品

工程抢险车抢险物品见表7-9。

表7-9　工程抢险车抢险物品

工程抢险车抢险物品			
CDF-1型复轨器、DFF-1型复轨器、SHF-1型复轨器	各1台	汽油发电机照明组合	1台
电动链条锯	1台	千斤顶	2台
呼吸器	4台	手动液压泵	2套
液压剪	2把	四冲程内燃机动泵	1台
扩张钳	1把	液压撑杆（液压撑杆附件、10米液压导管）	1套
尼龙吊装带	4根	防爆泛光灯	1台
强光探照灯	1台	充电机	1台
冲击钻	1台	撬棍	5根
通用工具	2套	抢险毛巾	50条
抢险物资专用箱	1个	枕木、垫木	若干

学习思考

1. 你知道抢险用品的使用方法吗？

2. 城市轨道交通抢险用品的设置位置分别在何处？

知识链接

车站抢险物品保管要求

（1）抢险物品应统一存放于规定地点，并按要求对抢险物品状态、数量进行检查，以确保状态良好、数量齐全。

（2）抢险物品应由专人保管，做好日常维护保养工作，不得随意挪作他用，当出现故障、损坏或数量不足时应立即上报有关部门。

（3）如因人为因素导致器材出现故障、损坏或数量不足将追究当事人责任。

任务实训

认知车站抢险物品

训练目的：使学生了解常见抢险设备的名称及用法。

训练方法：小组抢答。

评价表

根据以上学习内容，评价自己对相关知识与技能的掌握程度，在相应空格打"√"。

评价内容	差	合格	良好	优秀
掌握车站抢险必备物品的名称				
掌握列车抢险物品的名称和数量				
掌握城市轨道交通其他抢险物品的名称和注意事项				
掌握车务中心抢险物品的名称和数量				
掌握工程抢险车抢险物品的名称和数量				
学习中存在的问题或感悟				

拓展提升

突发事件往往伴随着人身伤害，而现场急救对抢救作业非常关键。如果现场急救正确、及时，就可以减轻伤者的痛苦，减低事故的严重程度，更可以争取抢救时间，挽救生命。

一、机械伤害急救

当伤害事故发生后，应立即拨通120急救电话，报告出事地点、受伤人员及伤情，同时根据具体情况对伤员进行现场急救。根据所受不同伤害，实施抢救措施。

机械伤害急救措施见表7-10。

表7-10　机械伤害急救措施

所受伤害	抢救措施
心跳停止	现场施行心肺复苏
失去知觉	清除伤者口鼻中的异物、分泌物、呕吐物，随后将伤员置于侧卧位以防止窒息
伤口出血过多	对出血多的伤口应加压包扎，搏动性或喷涌状动脉出血不止时，暂时可用指压法止血，或在出血肢体伤口的近端扎止血带，扎止血带时应有标记，注明时间，并且每20 min放松一次，以防肢体缺血坏死
开放性颅脑伤或开放性腹部伤，脑组织或腹腔内脏脱出	不应将污染的组织塞入，可用干净碗覆盖，然后包扎；避免进食、饮水或用止痛剂，尽快送往医院诊治
异（硬）物刺入	不宜拔出，宜锯断刺入物的体外部分（近体表的保留一段），等到达医院后，准备手术时再拔出，有时戳入的物体正好刺破血管，暂时起填塞止血作用，一旦现场拔除，将会招致大出血而来不及抢救
胸壁浮动	应立即用衣物、棉垫等充填后适当加压包扎，以限制浮动。无法充填包扎时，使伤员卧向浮动壁，也可起到限制反常呼吸的作用
开放性胸部伤	立即取半卧位，对胸壁伤口进行封闭包扎。使开放性气胸变成闭合性气胸，并尽快送医院
骨折	可就地取材固定骨折的肢体，防止骨折处再损伤

二、其他伤害急救

1. 化学物品伤害急救

化学物品伤害急救措施见表7-11。

表7-11　化学物品伤害急救措施

化学物品	急救措施
气体中毒	迅速将伤员救离现场，搬至空气新鲜、流通的地方，松开领口、紧身衣服和腰带，以利呼吸畅通，使毒物尽快排出，有条件时可接氧气。同时要保暖、静卧并密切观察伤者病情的变化
毒物灼伤	应迅速除去伤者被污染的衣服、鞋袜，立即用大量清水冲洗（时间一般不能少于15～20 min），也可用"中和剂"（弱酸、弱碱性溶液）清洗。对一些能和水发生反应的物质，应先用棉花、布和纸吸除后，再用水冲洗，以免加重损伤
口服非腐蚀性毒物	首先要催吐。若伤者神志清醒，能配合时，可先设法引吐。即用手指、鸡毛、压舌板或筷子等刺激咽后壁或舌根引起呕吐，然后给患者饮温水300～500 mL，反复进行引吐，直到吐出物已是清水为止。 严重中毒昏迷不醒时，对心跳、呼吸停止者，要进行人工呼吸和胸外心脏按压。同时，迅速将其送到医院进行诊断治疗。在送医院途中，要坚持进行抢救，密切注意伤者的神志、瞳孔、呼吸、脉搏及血压等情况

2. 创伤急救

伤口渗血时，用比伤口稍大的消毒纱布覆盖数层伤口，然后进行包扎。若包扎后仍有较多渗血，可再加绷带适当加压止血。

伤口出血呈喷射状或鲜红血液涌出时，立即用清洁手指压迫出血点上方（近心端），使血流中断，将出血肢体抬高或举高，以减少出血量。

用止血带或弹性较好的布带等止血时，应先用柔软布片或伤员的衣袖等数层垫在止血带下面，再扎紧止血带以使肢端动脉搏动消失为度。上肢每60 min、下肢每60 min放松一次，每次放松1～2 min。开始扎紧与放松的时间均书面标明在止血带旁。扎紧时间不宜超过4 h。不要在上臂中三分一处和腋窝下使用止血带，以免损伤神经。若放松时已无大出血可暂停使用。

高处坠落、撞击、挤压可能有胸腹内脏破裂出血。受伤者外观无出血但常表现为面色苍白、脉搏细微、气促、冷汗淋漓、四肢厥冷、烦躁不安甚至神志不清等休克状态，应迅速躺平，抬高下肢，保持温暖，速送医院救治。若送医院途中时间较长，可给伤员饮用少量糖盐水。

模块八

站区安全管理规定

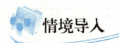

情境导入

在乘坐城市轨道交通列车的过程中，小明发现城市轨道交通系统内有很多工作人员，出现安全问题需要找到相应的负责人员，那么车站中到底有多少岗位，他们的岗位安全职责又是什么，怎样保证乘车人员的安全呢？

学习目标

1. 了解车站各岗位的安全职责
2. 了解安全作业规定
3. 熟悉安全操作规程

知识点　车站各岗位安全职责、站区作业安全规定和安全操作规程

一、车站各岗位安全职责

1. 值班站长安全职责

值班站长安全职责见表8-1。

表8-1　值班站长安全职责

序号	值班站长安全职责
1	作为现场管理第一责任人，全面负责本班组的安全生产工作，教育、检查、考核班组成员遵守安全规章、执行操作规程的情况
2	负责本班组人员管理，掌握本班员工的思想、业务、身体状况，合理调配班组人员

序号	值班站长安全职责
3	负责各项安全规章制度的贯彻落实，督促班组成员认真执行
4	建立健全班组安全管理规定和基础管理台账，并按规定填记
5	组织本班组人员加强突发事件处置预案的学习和掌握，定期组织开展班组突发事件处置演练，认真做好记录，对存在的问题制定整改措施，并做好落实工作
6	收交款作业中，负责票款护送工作，监督检查售票员执行票款存放规定的执行情况
7	认真执行票款存放管理规定，按规定设防，定期检查技防、物防设施状态，发现问题及时报修，采取防范措施
8	发生各类突发情况后，在上级领导到达现场前负责对事件进行先期处置工作，合理调配人员，最大限度减少人员伤亡和各类损失，尽快恢复运营
9	发生事故及时上报，配合事故调查处理工作，不得对事故隐瞒不报、谎报，或拖延不报
10	负责对新员工、复工人员进行班组（现场）级安全教育
11	认真听取班组成员在安全方面的建议、意见，采纳合理化建议
12	对本车站范围内的各类施工进行监管，及时制止施工中影响乘客人身安全、运营安全的行为
13	负责本班组治安、消防、交通安全的教育、监督管理工作，加强重点部位、重点人员的检查和管理工作
14	负责对车站的生产、生活电器设备、抢险器材的日常检查，随时掌握各类设备、器材的性能状态
15	对本班组发生的各类安全事故、安全问题及隐患，根据有关规定承担相应管理责任
16	监督、检查外委人员执行城市轨道交通安全规定的情况
17	完成领导交办的其他工作

2. 安全员安全职责

安全员安全职责见表8-2。

表8-2　安全员安全职责

序号	安全员安全职责
1	安全员为班组兼职安全管理者，协助值班站长做好安全工作
2	安全员在安全管理方面拥有检查、监督、指正、建议、举报五个方面的权力
3	组织开展各种安全活动，做好安全活动记录，提出改进安全工作的建议
4	协助值班站长做好班组日常安全管理工作和新员工、复工人员三级安全教育中的班组级教育
5	严格执行有关安全生产的各项规章制度，对违章作业有权制止，并及时报告，监督本班组安全隐患的整改落实工作
6	检查、督促班组人员合理使用劳保用品和各种防护用品
7	督促班组人员熟悉和掌握消防器材的使用
8	发生事故要及时了解情况，保护好现场，并及时报告
9	安全员应严格按照规定做好班组的安全工作，认真履行职责，及时填报报表、反馈安全信息
10	完成领导交办的其他工作

3. 内勤行车值班员安全职责

内勤行车值班员安全职责见表8-3。

表 8-3　内勤行车值班员安全职责

序号	内勤行车值班员安全职责
1	严格执行上级指示、命令，遵守有关规章制度
2	负责与行车调度员的联系工作，接收其下达的调度命令和指示，并按其指示组织办理各项作业
3	负责监控车站信号控制台和列车运行情况，根据列车运行图和行车调度员的命令及时准确地按规定办理闭塞、排列进路、开闭信号、填写有关行车凭证和各种报表。遇设备或车辆故障，及时向行车调度员汇报，并根据其指示及时办理有关行车作业，确保列车安全正点运行
4	指挥外勤值班员或助理行车值班员办理、交递行车凭证、显示手信号等现场行车作业
5	严格按照《地铁生产调度工作规则》的规定做好施工管理与组织工作
6	遇突发事件或设备故障等特殊情况，应按规定上报，通知值班站长及时启动预案，并根据行车调度员的命令积极稳妥地做好应急处置工作
7	发现危及行车或乘客人身安全的紧急情况时应及时制止，按有关规定采取有效措施及时妥善处理，并将情况上报有关部门
8	遇助理行车值班员离开综控室时，应兼顾 FAS、BAS、AFC 设备的监视与控制，并履行助理值班员岗位职责
9	负责定期按规定擦拭道岔
10	完成上级领导交办的其他事宜

4. 外勤行车值班员安全职责

外勤行车值班员安全职责见表 8-4。

表 8-4　外勤行车值班员安全职责

序号	外勤行车值班员安全职责
1	严格执行上级指示、命令，遵守有关规章制度，听从内勤值班员的指挥
2	负责与行车调度员的联系，接收其下达的调度命令和指示，并按其指示办理行车作业
3	负责监控车站信号控制台和列车运行情况，根据列车运行图和行车调度员的命令及时准确地按规定办理闭塞、排列进路、开闭信号、填写有关行车凭证和各种报表。遇设备或车辆故障及时向行车调度员汇报，并根据其指示及时办理有关行车作业，确保列车安全正点运行
4	依据内勤值班员的指示，负责现场交递行车凭证、显示手信号、手摇道岔等行车工作
5	严格按照《地铁生产调度工作规则》的规定做好各项施工作业的组织工作
6	遇突发事件或设备故障等特殊情况，应按规定上报，通知值班站长启动预案，并根据中心调度员的命令做好应急处置工作
7	发现危及行车或乘客人身安全的紧急情况时应及时制止，按有关规定采取有效措施及时妥善处理，并将情况上报有关部门
8	遇内勤行车值班员离开综控室时，临时履行内勤行车值班员岗位职责。遇助理行车值班员离开综控室时，应兼顾 FAS、BAS、AFC 设备的监视与控制，并履行助理行车值班员岗位职责
9	负责定期按规定擦拭道岔
10	完成上级领导交办的其他事宜

5. 助理行车值班员安全职责

助理行车值班员安全职责见表 8-5。

表 8－5　助理行车值班员安全职责

序号	助理行车值班员安全职责
1	严格执行上级指示、命令，遵守有关规章制度，听从内勤行车值班员的指挥
2	负责与 FAS、BAS、AFC 控制中心联系，接受控制中心的指挥，并按其指示办理有关作业
3	负责 FAS、BAS 及 AFC 设备的监控工作
4	遇有 FAS、BAS 报警时及时消音并立即对现场进行认真确认，根据现场情况，按相关规定做好处理工作并将情况及时上报有关单位和部门。当车站发生火灾时，在查明现场情况后，及时通知值班站长启动火灾预案，并按规定对 FAS 设备进行相关操作。同时利用防灾广播或 FAS 系统预放功能向车站进行疏导广播，稳定乘客情绪，引导乘客安全有序出站，配合消防人员进行火灾扑救工作
5	依据内勤行车值班员的指示，负责现场交递行车凭证、显示手信号等行车工作
6	FAS、BAS 及 AFC 设备发生故障，负责故障报修
7	负责 FAS、BAS 及 AFC 系统有关数据和资料的收集、整理、交接和保管
8	负责运营开始前的站线巡视
9	负责高峰期间的站台宣传疏导及末班车运行结束后的清站和清扫工作
10	当综控室内仅有助理行车值班员时，助理行车值班员可临时履行行车值班员的工作职责
11	完成上级领导交办的其他事宜

6. 售票（补票）员安全职责

售票（补票）员安全职责见表 8－6。

表 8－6　售票（补票）员安全职责

序号	售票（补票）员安全职责
1	严格执行各项安全规定和操作规程，认真落实票务安全管理制度
2	发生突发情况导致运营秩序混乱影响正常运营时，依据调度命令、站区长、值班站长的指令限制或停止售票
3	依据值班站长的指令，按相关规定办理退票业务
4	加强对自动售检票设备的监护，引导乘客正确使用自动售检票设备，自动售检票设备发生故障时，及时处理、上报
5	安全使用各类设备设施，防止发生设备损坏或发生触电、烫伤等工伤及火灾事故
6	认真执行治安保卫制度规定，正确使用款包、报警器及票款专用柜，做好防抢、防盗工作，当相关物品和设施损坏时，应及时更换、维修并采取防范措施
7	完成领导交办的其他工作

7. 监票员安全职责

监票员安全职责见表 8－7。

表 8－7　监票员安全职责

序号	监票员安全职责
1	严格执行各项规章制度和安全规定，认真做好宣传疏导、禁带品查堵等工作
2	阻止失明、失聪、智障等残障人士，行动不便的老人，学龄前儿童及醉酒者单独进站乘车，有人陪同时应向其监护者讲明安全注意事项

续表

序号	监票员安全职责
3	禁止携带枪支弹药、管制器具及易燃性、爆炸性、毒害性、放射性、腐蚀性等危险品，以及携带容易污损城市轨道交通设备和站、车环境物品的乘客进站乘车
4	阻止乘客携带超长（1.8米以上）、笨重（如自行车、折叠自行车、洗衣机、电视机、台式电脑显示器、电冰箱、组合音响等）、动物，以及妨碍公共卫生、车内通行和危害乘客安全（如玻璃及易碎玻璃制品）的物品进站乘车
5	阻止衣冠不整等不文明者进站乘车
6	阻止乞讨卖艺人员进站乘车
7	对于吸烟乘客，应令其熄灭并提醒其车站内、车内禁止吸烟
8	密切注意进站乘客动态，发现可疑人、可疑物应阻止其进站乘车，并向值班站长和公安人员汇报
9	发生突发情况导致运营秩序混乱影响正常运营时，依据行车调度、站区长、值班站长等上级的命令，阻止乘客进站，宣传疏导乘客有序出站，防止因混乱造成伤亡
10	遇雨、雪等恶劣天气，致使站厅内乘客大量聚集时应加强宣传疏导工作，并提醒乘客注意安全
11	高峰时间或乘客大量聚集进站或出站时，出售票室执岗，积极宣传疏导乘客，防止发生混乱，造成乘客伤害，并及时向上级领导和有关部门报告
12	加强对自动检票设备的监护，引导乘客正确使用自动售检票设备，制止乘客的强行进站行为，防止设备被人为损坏。自动售检票设备发生故障时，及时处理、上报，并提醒乘客注意安全
13	发生突发情况需疏散站内乘客时，根据值班站长的指令打开特殊通道，做好宣传疏导工作
14	完成领导交办的其他工作

8. 扶梯巡视员安全职责

扶梯巡视员安全职责见表8-8。

表8-8 扶梯巡视员安全职责

序号	扶梯巡视员安全职责
1	扶梯岗人员严格遵守扶梯岗巡视制度，密切注意乘梯人员动向及扶梯运转情况
2	阻止盲人、残障者、行动不便者及学龄前儿童等不宜单独乘梯者单独乘坐扶梯
3	严禁使用扶梯运载货物、重物及可能卡坏、刮坏、腐蚀、污损扶梯设备的物品
4	在未得到上级部门批准的情况下，不得让扶梯按规定使用方向相反的方向运行
5	教育乘客文明乘梯，及时制止乘客不安全行为
6	发现异常情况应立即停梯，属电梯故障的情况，严禁继续使用或擅自维修，应在加设护栏及故障停用标志后及时报修
7	发生突发情况导致运营秩序混乱影响正常运营时，根据值班站长的指令，关闭扶梯，悬挂宣传提示牌
8	遇有乘客摔倒、摔伤等不安全情况时，及时关闭扶梯，做好解释处理工作，并将情况向值班站长汇报
9	开关梯时应进行检查，确认扶梯上的乘客全部出清
10	扶梯停运时，悬挂宣传提示牌，禁止作为步梯使用
11	完成领导交办的其他工作

9. 清车员安全职责

清车员安全职责见表8-9。

表8-9 清车员安全职责

序号	清车员安全职责
1	严格执行各项规章制度和安全规定，认真做好清车工作
2	根据运营计划和调度命令对指定列车进行清车，认真与行车值班员核对清车车次及到发时刻
3	列车到达前，应及时到达指定位置
4	列车车门开启后，应立即进入车厢，进行清车工作
5	经确定车厢内无乘客后，方可向司机显示关门手信号
6	遇乘客不下车时，应做好宣传和解释工作。经反复宣传，仍有乘客拒不下车时，应立即报告值班站长和行车值班员
7	担当救援的列车或进入折返线、库线的列车必须清下全部乘客
8	完成领导交办的其他工作

10. 办事员安全职责

办事员安全职责见表8-10。

表8-10 办事员安全职责

序号	办事员安全职责
1	认真执行各项规章制度和治安保卫工作有关规定，做好站区现金、票据的管理工作
2	存放的备用金不得超过财务管理制度规定的限额
3	按规定正确使用技防、物防设施，定期对技防、物防设施进行检查，发现故障及时报修更换，并采取防范措施
4	不得向无关人员透露本职工作的各类情况和信息
5	负责站区仓库的安全管理，定期对仓库进行检查，发现隐患及时整改
6	完成领导交办的其他工作

11. 票款员安全职责

票款员安全职责见表8-11。

表8-11 票款员安全职责

序号	票款员安全职责
1	认真执行各项规章制度和治安保卫工作有关规定，做好站区票务管理和收交款工作
2	严格执行票款收缴作业管理规定，保持高度警惕性，做好突发事件的应对工作
3	认真执行车票票款及票据管理规定，确保技防、物防设施灵敏有效，按规定设防，定期对技防、物防设施进行检查，发现故障及时报修更换，并采取防范措施
4	不得向无关人员透露本职工作的各类情况和信息
5	完成领导交办的其他工作

二、站区作业安全规定

（1）无可靠的防护措施，任何人不得以任何理由强行指派人或本人进行危险性工作，被指派者有权拒绝作业。在有防护措施的情况下，从事该作业前须指定负责人或监护人对从事该作业的员工说明有关安全注意事项后，方可进行。

（2）禁止在危险房屋、建筑、设备或其他危险地带附近作业，在乘客通行的地带发现有倒塌、塌陷、物体坠落等危及人身安全的迹象后要立即报告有关部门，并采取临时防护措施或设专人防护。

（3）接触轨未停电时，严禁跳下站台或进入洞内。行车值班员在处理紧急事宜时除外，但必须穿好绝缘鞋做好自身防护。

（4）各岗位应严格执行交接班制度，有关安全问题必须交接清楚。

三、清扫作业

（1）冲刷出入口台阶，应在非运营时间内进行。必须在运营时间内冲刷时，应征得运营部门同意后，将出入口暂时封闭，待地面水干后方可开放。

（2）在结冰期不得冲刷地面，用墩布擦拭应选择在不易结冰时间或末班车后进行。

（3）从事清扫作业人员不得穿高跟鞋、细跟鞋或易打滑的鞋，作业中要防止因用力过猛和疏忽大意造成摔伤、扭伤。

（4）擦拭百叶窗等形状复杂设备时要防止划伤、扎伤、摔伤，擦拭家电设备前应切断电源，禁止擦拭电气设施。

（5）清扫道床须在接触轨停电后进行，应从站台两端的扶梯处上下，禁止跳上跳下站台。清扫道床前应向值班员问明有无轨道车，不得在轨道车运行期间进行清扫，清扫完毕填写《车站安全巡视登记簿》。

四、登高作业

（1）距离地面 2 m 以上的作业为登高作业。

（2）有高血压、低血压、突发性病症等病史及怀孕三个月以上的员工禁止从事登高作业。

（3）登高所使用的登踏物必须牢固可靠，梯子与地面夹角角度不能小于60°，必要时应使用安全带等防护措施。

（4）进行登高作业时必须有专人员负责监护。监护者必须自始至终监护作业情况，严禁擅自离开。作业者不得将物件随意乱扔，工作完毕后检查有无工具遗留在高处。

（5）在出入口、台阶、通道、站台等处从事登高作业时应避开客流高峰时间，尽量选择非运营时间。

（6）不得擅自使用其他单位的登高梯架，必要时可请求其他工种协助进行登高作业。

（7）在无法保证安全的前提下，不得强行进行登高作业，被指派人有权拒绝作业。

五、搬运作业

（1）在进行集体大规模搬运作业时，应由站区长、值班站长亲自负责或派专人负责。

（2）搬运时不得蛮干、用力过猛，应统一协调，体力不支时要及时休息。要避免行走在打滑地面、有障碍物的地段。

（3）夏季从事重体力搬运时应备足饮料，尽量避免在高温时间内进行搬运，防止中暑。

搬运完毕后，负责人应及时检查物品码放情况，防止因码放不当造成不良后果。

六、清淤作业

（1）作业前要制订方案，合理安排人员、时间、程序、分工、负责人等。清淤作业要在规定时间内进行。

（2）作业中，站区长要参与全过程的指挥和安全监督。

（3）掀道床盖板时，要使用专用工具，无工具要由二人合力进行，防止用力过猛，动作不一致或磕、绊、滑造成伤害，作业时戴好劳保手套。

（4）禁止穿拖鞋和赤脚进行清淤作业，所使用的工具要坚固可靠，作业中防止摔伤、扭伤及其他伤害发生。

（5）严格在规定地点码放淤泥袋，确保码放牢靠，不得侵入限界。

（6）作业完毕后由站区长、值班站长、行车值班员检查现场、清点工具、巡视线路。

七、其他作业

（1）每日运营前按规定时间开启出入口大门，开门前各岗位做好各项运营准备工作，遇乘客大量聚集出入口急切等待进站时，要做好使乘客安全有序进站的宣传工作，开门者应注意避让，防止因冲撞造成自身伤害。

（2）下雪天应及时铺垫防滑用品。出入口台阶、过道及其他通行的地方有结冰、积水或其他有可能使人滑倒、摔倒的危险时应及时设法清除或设置防护警示标志。

（3）使用电加热装置洗澡或烧开水时，应严格按使用要求使用，专人看守，使用完毕后应及时切断电源。

（4）进入电缆道、风道等狭窄、黑暗地带应使用应急照明工具，防止摔倒、扎伤、踩空、踩漏等情况发生。

（5）进行悬挂横幅等作业时不得使用金属丝作为悬绳，禁止与电线、电气等带电设备拴连。

（6）出入口大门、扶梯及重要处所的钥匙，必须有专人妥善保管，使用时，应由保管人员亲自前往开启，不得借给他人使用。

八、安全操作规程

1. 行车值班员的统一要求

（1）行车值班员应落实高度集中、统一指挥、逐级负责的原则，认真做到接好每一个调度命令，传好每一次通知指示，办理好每一项行车作业，做好每一次登记注销。

（2）认真履行岗位职责，严格执行调度命令，严格执行作业程序，按列车运行图组织行车工作。严格执行规章制度，遵守劳动纪律。熟知《行车工作细则》内容，圆满完成行车调度员及上级所布置的任务。

（3）行车人员要熟悉所有行车设备的性能及车站范围内的地形、设备位置、状况，并

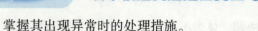

掌握其出现异常时的处理措施。

（4）行车人员随时掌握本站所辖范围内的列车运行情况，明确行车组织步骤，清楚各项工作。

（5）行车值班室必须有行车值班员值守。

（6）行车值班员应按内勤（操作岗）、外勤（监护岗）明确分工，一人值岗时，应内、外勤兼顾，岗位交接时内外勤职责亦相应变更。

（7）当班过程中按规定着装，佩戴标志，不做与行车作业无关的事情。执岗时要保持头脑清晰，精神集中，严格执行调度命令，按图行车，做到办理准确，用语规范，字迹清晰，联系彻底，汇报及时，交代完整。严禁臆测行车。

（8）提前做好接发车准备，操作者与监护者办理进路前，要共同做到"四看、四记准"，即：一看运行计划，记准车次、进路、开点；二看运用计划，记准车组号、表号；三看《行车日志》，记准闭塞要素；四看控制台，记准联锁关系、其他列车运行情况。核对无误后办理接发车进路。

（9）交接班时要严肃认真，内、外勤实行"对口"交接。贯彻"交不清不走，听不明不接"的原则。

①交班者做到"六交清"。

即：交清安全情况，交清运行情况，交清站控范围内的现场情况，交清设备情况（包括通信、信号、钟表、备品、抢险器材等），交清待办事宜，交清注意事项。耐心解答接班者的问题，将交班事宜填记在《交接班登记簿》上，并做口头交代。

②接班者要做到"五查、五准、五一致"。

即：一查《交接班登记簿》，看交班事宜是否齐全，实际情况与交班内容是否一致；二查《行车日志》，看列车运行记录是否准确，运行情况与运行计划是否一致；三查有关命令和通知，看内容是否准确，命令意图与完成目标是否一致；四查施工计划，看施工单位、时间、地点是否准确，施工项目与设备状况是否一致；五查设备，看设备运转是否良好，设备显示与要求是否一致。

③遇身体极度疲劳，心理状况、情绪极度混乱及患有较重疾病者，须待恢复后方可接班或重新上岗。

（10）行车值班室内所有通信工具要保证良好、畅通，不得用于与行车无关的事宜。

（11）保证行车备品性能良好，随时可以使用，行车表报充足，并统一存放于行车备品箱内。使用过的各类表报不得私自更改、销毁或收存，交站区保存一年以上，对无保存价值的由站区统一销毁。

（12）严禁使用电炉。随时检查电源、电源线、电闸、电器设备的性能，出现问题及时更换。

（13）综控室不得允许闲杂人员进入，不得代人存放物品，非本站当班行车值班员不得动用室内行车、广播、通信等设备。

（14）不得向道床上倾倒污水、污物，不得擅自拆卸、挪动或遮挡安全警示牌。

（15）遇特殊情况须带电进入区间或下站台时，必须穿着绝缘鞋做好自身防护。地面线路在雨雪天遇特殊情况须带电进入区间或下站台时，应在接触轨停电后方可进行现场作业。

（16）遇有运营区间内或站台所停车辆下有人作业的情况，严禁请求送电，送电前必须查明有关人员全部处于安全位置后方可送电。

（17）在道岔区段有人作业的情况下，未经联系同意和事先广播，严禁搬动道岔。

在列车、车辆经过的路径上有检修作业时，必须采取一定的安全保障措施后，方可允许发车。

（18）运营时间内不得将行车值班室门反锁。

（19）在运营时间内，除进行现场作业的人员外，任何人严禁在道床上行走或穿越道床。

（20）充分保证休息时间，在夜间无作业及其他工作的情况下，应在接触轨停电后尽快就寝或在作业完毕后尽快休息。

2. FAS、BAS 设备操作规程

（1）操作人员必须持证上岗，严格履行岗位职责。

（2）严格落实、执行设备使用的安全规定。

（3）系统应始终处于运行状态，系统实行 24 小时监控。

（4）行车值班员应熟知本站系统的监控范围、监控对象，位置代码，以及消防设施、器材位置。

（5）行车值班员应在每天交接班时，确认 FAS 系统处于非联动状态，将 FAS、BAS 设备运行情况、故障情况及故障处置情况进行对口交接，并记录在《交接班登记簿》中。

（6）行车值班员交接班时应在不影响运营的前提下进行防灾广播试验。当消防广播系统发生故障时应及时报告行车调度员、生产调度室，通知通号工区维修，填记《FAS 运行登记簿》。消防广播的"预放"功能在每星期日晚运营结束后进行试验，并记录于《FAS 运行登记簿》中。

（7）行车值班员应在交接班时，进行各班次行车值班员系统用户名及密码的登录。

（8）行车值班员要认真监视火灾报警控制主机及联动控制台盘面指示灯，当系统失去报警功能或不能正确报警时，应及时报告生产调度室和维修单位，并填记《FAS 运行登记簿》。

（9）涉及 FAS、BAS 的相关维修、维护作业，均按《生产调度工作规则》履行登记、注销手续。

（10）当其他单位人员对 BAS 车站级系统进行维护、维修等相关操作时，行车值班员应将本人用户名退出系统；当维护、维修等作业结束且确认系统恢复到原始状态后，行车值班员应立即进行用户名登录，恢复到监视状态。

（11）消防广播系统和其预放功能除火灾和按规定进行试验外不得擅自使用。

（12）火灾报警控制主机打印单据应定期交由值班站长保管，所存单据应保存完好，不得丢失和任意涂改。

（13）严禁将非 FAS 和 BAS 设备接入专用系统电源。

（14）在 BAS 系统设备正常运行状态下，严禁擅自改变机电系统设备的控制方式和工作模式。

（15）车站照明的开闭工作应由专人负责，地面车站应根据日照情况适时开闭车站部

分或全部照明，但地下通道和半地下站厅不得关闭照明。

（16）如需对无人值守房间进行报警确认，应通知相关单位进行现场协查，遇紧急情况可强行进入查看、处理。

（17）有关设备运行数据和相关记录，未经允许不得擅自将其提供给其他单位或个人。

3. 火灾报警处置要求

（1）设备发生报警，行车值班员报告时做到清楚、准确，并随着故障的处理进程随时报告。

报告应包括以下内容：报告人所在车站及姓名；报警、故障或火灾发生的时间、地点；设备故障情况或火灾对运营的影响程度；人员伤亡、设备损失情况；请求援助和救援的情况；其他需要说明的内容等。

（2）发生火灾时行车值班员应按照《突发事件应急处置办法》启动相应防灾运行模式，通知值班站长启动相应预案。

当情况严重须拨打119报警时，应说明以下内容：报警人工作单位、姓名、地址、联系电话；起火的准确位置（可提供参照物），消防车接近火场的路线；火灾发生时间，燃烧物质，火势大小，是否有重要物品或危险品等。

（3）消防人员到现场救灾时，行车值班员要积极配合，准确记录现场救灾情况，并如实向有关部门报告。

（4）火灾事故后，应及时向公司提交书面报告，报告应包括：起火时间、起火地点、起火原因、扑救及扑灭时间、过火面积、人员伤亡情况、损失情况、灭火器使用数量、对运营产生的影响、燃烧的物质、报警人员姓名、消防局出动几台消防水车，是否出水等内容。

根据以上学习内容，评价自己对相关知识与技能的掌握程度，在相应空格打"√"。

评价内容	差	合格	良好	优秀
对车站各岗位安全职责的了解和掌握程度				
对站区安全规定的掌握程度				
对安全操作规程的掌握程度				
学习中存在的问题或感悟				

实训目的：使学生了解车站各岗位的安全职责、站区作业安全规定，以及安全操作规程，将安全作业和安全责任牢记于心。

实训方法：角色扮演、实例讲解。

本模块介绍了车站各岗位的安全职责、站区安全作业规定，以及安全操作规程，促使学生对安全责任及安全作业的各个方面有清晰的认识，严格按照站区安全管理规定实施，避免出现安全问题。

模 块 自 测

1. 车站都有哪些岗位，他们的安全职责是什么？

2. 站区作业的安全规定是什么？

3. 简述安全操作规程。

参考文献

［1］ 于存涛，潘前进．城市轨道交通安全管理．北京：北京交通大学出版社，2015.